FRANZÖSISCH mit allen Sinnen

Sprachkurs mit MP3-Download
sehen * hören * fühlen * schmecken * riechen

von
Karin Le Bescont

PONS

Französisch mit allen Sinnen

Sprachkurs mit MP3-Download

von
Karin Le Bescont

Die Hördateien findest du als MP3 zum Download unter

www.pons.de/mitallensinnen

3. Auflage 2023

Projektleitung: Angela de Riese
Redaktion: Constanze Mack, Angela de Riese
Logoentwurf: Erwin Poell, Heidelberg
Logoüberarbeitung: Sabine Redlin, Ludwigsburg
Innenlayout: Petra Michel
Covergestaltung: Anne Pixaras, Stuttgart
Satz: digraf.pl - dtp services
Tonaufnahmen: db media dupré & buhr gbr
Gesprochen von: Savary Gaelle, David Duclos, Erwin Lindemann

Druck und Bindung: Plump Druck & Medien GmbH, Rheinbreitbach

ISBN: 978-3-12-562404-7

Danke für dein Vertrauen!

Wir bei PONS sind der Überzeugung: Wer Sprachen spricht, dem steht die Welt offen. Aus diesem Grund entwickeln wir seit über 40 Jahren hochwertige Wörterbücher und Sprachlern-Produkte und entwerfen ständig neue didaktische Konzepte, um für alle Lernenden das Passende anbieten zu können.

Hilf uns mit deinem Feedback!

Bist du mit diesem Sprachkurs zufrieden?

Dann freuen wir uns über deine **Weiterempfehlung**. Erzähl es deinem Freundeskreis, der Buchhandlung deines Vertrauens oder schreib eine **Online-Rezension** und hilf uns, dieses Buch anderen näherzubringen.

Du hast Fragen bzw. Kritik oder Korrekturen an unserem Sprachkurs?

Wir freuen uns über deine Anregungen. Schreib uns eine Nachricht auf **www.pons.de/kontakt**.

Dein Feedback hilft uns, unsere Produkte immer weiter zu verbessern.

Herzlichen Dank für deine Unterstützung und viel Spaß & Erfolg beim Sprachenlernen.

Deine PONS-Redaktion

Lernen mit allen Sinnen

Dein Gehirn verarbeitet jeden Tag eine Flut an Sinneseindrücken. Die meisten Informationen schaffen es nur bis ins Kurzzeitgedächtnis und werden danach wieder vergessen. Je mehr Sinne aber beim Lernen angesprochen werden, umso schneller machst du Fortschritte und umso dauerhafter wird alles, was du neu lernst, in deinem Gehirn abgespeichert.

Dein Sprachkurs **PONS Französisch mit allen Sinnen** setzt genau hier an und bindet alle fünf Sinne ein:

sehen

Gleich zu Beginn jeder Lektion lernst du den wichtigsten Wortschatz zum Thema – einfach und bebildert. Auch im Rest der Lektion sorgen Bilder und Farben für ein **visuelles Lernerlebnis**. So tauchst du direkt ins Land ein. Sieh dir die schönsten Bilder an, so oft du willst, um dich in eine entspannte Lernstimmung zu versetzen.

hören

Auch das Ohr spielt beim Lernen einer Sprache eine sehr wichtige Rolle. Den Einstiegswortschatz, den Haupttext jeder Lektion sowie viele weitere Hörübungen hörst du dir ganz einfach an: Unter **www.pons.de/mitallensinnen** lädst du dir die MP3-Dateien herunter. Wenn du auf Anhieb noch nicht alles verstehst, macht das gar nichts – hör es dir immer wieder an. So bekommst du den **Klang der Sprache nachhaltig ins Ohr** und aktivierst dein Hörverstehen.

schmecken

Lernen mit Genuss: Lass dir die Sprache auf der Zunge zergehen und probier die **landestypischen leckeren Rezepte** aus, die dich in jeder Lektion erwarten. Dein Französisch übst du dabei ganz praxisnah und aktivierst auch noch sämtliche anderen Sinne. Vielleicht hast du einmal Lust, das richtig zu zelebrieren. Nimm dir Zeit für diese sehr effektive Lern-Pause!

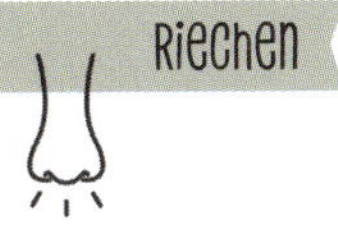

Riechen

Düfte haben eine sehr starke Wirkung auf dein Gehirn und können **Konzentration und Merkfähigkeit** positiv beeinflussen. Im Kurs wirst du immer wieder aufgefordert, dir Düfte vorzustellen oder tatsächlich an ihnen zu schnuppern und sie so mit dem Gelernten zu verknüpfen. Außerdem findest du im Buch eine Duftkarte. Probier doch einmal aus, was passiert, wenn du beim Lernen und Wiederholen immer wieder an ihr riechst!

Fühlen

Auf der letzten Seite jeder Lektion geht es ums Fühlen. Mit Fühlen ist hier das umfassende **„Be-Greifen" der Sprache** gemeint. Das können kleine, aber auch große Tätigkeiten sein, vom Basteln über das Anfassen konkreter Gegenstände bis hin zum Lernen in Bewegung. Die Hauptsache ist, dass du selbst aktiv wirst. Dabei lernt das Gehirn ganz natürlich.

Und jetzt alle zusammen!
Wenn du das Wort für einen Gegenstand gelesen und gehört hast, ein Bild davon gesehen und vielleicht auch den Gegenstand real angefasst, beschnuppert oder gekostet hast, hast du zahlreiche **Verknüpfungen im Gehirn** geschaffen, die dir das Merken erleichtern. Oft reicht es aber auch schon, Lernen mit Bewegung zu verbinden, also nimm die MP3s mit auf einen Spaziergang, die Joggingrunde oder ins Fitnessstudio. Probier verschiedene Wege aus und feiere deine Erfolge!

Lernen mit Gefühl und Verstand
Am einfachsten merken wir uns das, was für uns wichtig ist. Dieser Kurs bringt dir eine Fülle von Anregungen. Deine Aufgabe ist es, dir das herauszusuchen, was **deine Neugier anregt und dir Spaß bereitet**. Beschäftige dich damit intensiv, leg das Buch zur Seite und such in deiner Umgebung nach allem, was dir hilft. Schau Filme, hör Musik, sprich mit Menschen, tauch entspannt mit allen Sinnen in die Sprache ein – wir wünschen dir dabei viel Vergnügen!

Deine PONS-Redaktion

Inhalt

Bon appétit

GUTEN APPETIT

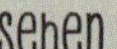

sehen

Bienvenue au restaurant ! Hierher laden wir dich als erstes ein. Denn wer Frankreich hört, denkt automatisch an gutes Essen. Also öffne deine Geschmacksknospen und bereite dich auf einen Gaumenkitzel „à la française" vor. Es ist sicherlich etwas Leckeres für dich dabei. Stell dir vor, du sitzt an einem schön gedeckten Tisch. Aus der Küche duftet es bereits verlockend. Bist du schon da? Zuerst ein paar Vokabeln, um anzukommen.

hören
Tr. 1

l'oignon (m)
Zwiebel

le champignon
Pilz

la truffe
Trüffel

l'aubergine (f)
Aubergine

la vanille
Vanille

le citron
Zitrone

l'abricot (m)
Aprikose

la mangue
Mango

le vin blanc
Weißwein

le vin rouge
Rotwein

la confiture
Marmelade

le/la serveur(-euse)
Kellner(in)

le fromage
Käse

le cabillaud
Kabeljau

les pâtes (f)
Pasta, Nudeln

la sardine
Sardine

la quiche
Quiche

le soufflé
Soufflé

le gratin
Auflauf

la crêpe
Pfannkuchen

Tr. 2

- Alors en entrée, je vous propose, un soufflé au fromage, une quiche aux oignons ou une soupe de champignons à la crème.
- ◎ Oh ! La soupe de champignons, s'il vous plaît !
- D'accord ! Et pour le plat principal, je vous propose un filet de cabillaud avec des pâtes aux truffes, ou des sardines grillées au citron avec un gratin d'aubergine, ou une fondue au fromage.
- ◎ Le filet de cabillaud avec les pâtes, s'il vous plaît.
- Très bien. Et pour le dessert, je vous propose un parfait vanille-mangue, une crêpe à la confiture d'abricot ou une mousse au chocolat.
- ◎ La mousse au chocolat, bien sûr !

1 hören Tr. 2

Willkommen im Restaurant. Höre dem Dialog zwischen dem Kellner und der Kundin entspannt zu. Du verstehst sicher viel mehr, als du glaubst. Markiere nach dem Hören die Gerichte im Dialog, die im Deutschen ähnlich sind.

KLEINE VOKABELHILFE

je vous propose...
ich schlage Ihnen vor ...
je vous conseille...
ich empfehle Ihnen ...

2 hören Tr. 2

Höre den Dialog ein zweites Mal an und schreibe auf, was Madame Petit bestellt.

1. **entrée** *Vorspeise*: ______
2. **plat** *Hauptspeise*: ______
3. **dessert** *Nachspeise*: ______

3

Verbinde die Weinempfehlungen des Kellners mit den passenden Gerichten.

Avec la soupe, nous vous conseillons un verre de vin rouge de Bordeaux.
Mais avec le cabillaud, plutôt un verre de vin blanc de Bourgogne.
Et pour le dessert, un petit verre de Champagne. Bon appétit !

Santé !
Zum Wohl!

1. soupe de champignons •
2. filet de Cabillaud •
3. mousse au chocolat •

A champagne
B vin rouge de Bordeaux
C vin blanc de Bourgogne

4 **hören** Tr. 3

Genieße die Laute! Höre diese Wörter aus dem Dialog an und achte auf die fettgedruckten Laute. Sind sie alle gleich? In jeder Reihe gibt es einen Laut, der nicht zu den anderen passt. Finde diesen Laut heraus und unterstreiche ihn.

1. v**in** ✲ grat**in** ✲ bl**an**c
2. **en**trée ✲ m**an**gue ✲ **con**fiture ✲ or**an**ge

3. oign**on** ✲ abric**o**t ✲ f**on**due ✲ citr**on** 
4. fr**o**mage ✲ **au**bergine ✲ champign**on** ✲ Bord**eaux**
5. m**ou**sse ✲ tr**u**ffe ✲ confit**u**re

6. parf**ai**t ✲ cr**ê**pe ✲ souffl**é**
7. Champa**gn**e ✲ man**gu**e ✲ champi**gn**on ✲ oi**gn**on
8. gri**ll**é ✲ côte**l**ette ✲ cabi**ll**aud ✲ vani**ll**e
9. **Ch**ampagne ✲ auber**g**ine ✲ **ch**ampignon ✲ qui**ch**e

5

Jetzt kennst du dich aus! Verbinde die Laute mit einem Äquivalent in der deutschen Sprache.

1. „**in**“ in **vin** ist wie •	**A** das deutsche „**e**“ in „Schn**ee**“
2. „**en**“ oder „**an**“ ist wie •	**B** im Deutschen „der Cous**in**“
3. „**on**“ in **citron** ist wie •	**C** das deutsche „**u**“
4. „**ou**“ ist wie •	**D** im Deutschen „das P**en**d**an**t“
5. „**u**“ ist wie •	**E** im Deutschen „das Cord**on** bleu“
6. „**è**“, „**ê**“ oder „**ai**“ ist wie •	**F** das deutsche „**ä**“ in „Märchen“
7. „**é**“ ist wie •	**G** das deutsche „**ü**“
8. „**gn**“ ist wie •	**H** das deutsche „**sch**“
9. „**ch**“ ist wie •	**I** ein deutsches „**ni**“

EIN KLEINER LERNTIPP

Höre und schaue dir möglichst viel auf Französisch an. Wähle manche Sätze aus und versuche sie nachzusprechen, auch wenn du sie nicht verstehst, indem du die Melodie der Sprache imitierst. Viel Spaß!

Die unbestimmten Artikel

Ist dir etwas aufgefallen? Wenn man im Französischen etwas zum ersten Mal erwähnt, benützt man wie im Deutschen einen **unbestimmten Artikel.**
En plat principal, un steak frites, une fondue au fromage ou des sardines grillées au citron.

Aber im Unterschied zum Deutschen gibt es im Französischen eine Pluralform des unbestimmten Artikels.

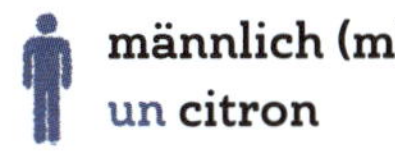
männlich (m)
un citron

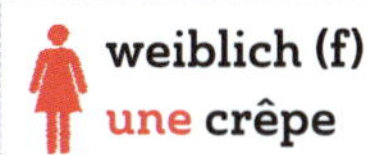
weiblich (f)
une crêpe

Plural (Pl)
des crêpes

6

hören
Tr. 4

Um dich damit vertraut zu machen, höre folgende Bestellungen und vervollständige den Text unten mit den passenden unbestimmten Artikeln:

Yann : Pour moi en entrée, ______ soufflé (m) au fromage, s'il vous plaît.

Marie : Et pour moi, ______ soupe (f) à l'oignon avec ______ croûtons (m).

Et en plat principal, ______ sardines (f) grillées avec ______ pâtes (f).

Yann : Ah ! Pour moi, juste ______ pâtes (f). Je suis végétarien !

Marie : Et pour le dessert ?

Yann: Pour le dessert, ______ mousse (f) au chocolat.

Marie : Mmmm. Pour moi aussi, ______ mousse (f) au chocolat !

Die bestimmten Artikel

Wenn man etwas noch einmal erwähnt oder wenn ein Sache oder eine Person bereits bekannt ist, kann man den bestimmten Artikel benützen:
La soupe est froide !

Beginnt das Wort mit einem Vokal oder einem „h", dann werden **le** und **la** zu **l'**
Im Plural ist es ganz einfach: Für beide Geschlechter gib es nur eine gemeinsame Pluralform.

männlich
le citron
l'abricot

weiblich
la crêpe
l'orange

Plural
les crêpes

REZEPT

La Salade Niçoise

NIZZA-SALAT

Schmecken

La salade niçoise ist eine leichte und erfrischende Spezialität aus Nizza, die hauptsächlich aus Tomaten, Thunfisch und rohem Gemüse besteht. Das Rezept dazu ist angeblich im 19. Jahrhundert während einer Hungersnot entstanden. Die Einwohner der Gegend von Nizza haben es der Legende nach als erste in Frankreich aus Hunger gewagt, die teuflische rote Tomate roh zu essen.

Zutaten:

la salade

2 œufs – **4** tomates – **1** salade – **1** poivron vert – **1** petite boîte de haricots verts – **200 g** de thon – **1** boîte d'anchois – **10** olives noires – **4** brins de persil

la vinaigrette

4 cuillères à soupe d'huile d'olive – **4** cuillères à café de vinaigre – **1** cuillère à café de moutarde – **1** pincée de sel – **1** pincée de poivre

Pour la salade :

1. Die Eier zehn Minuten kochen lassen.
2. Den Salat waschen und in eine Schüssel geben.
3. Grüne Bohnen hinzufügen.
4. Paprika und Tomaten schneiden und hinzufügen.
5. Den Thunfisch und die Sardellen dazugeben.
6. Mischen.
7. Die Eier und die Petersilie schneiden.
8. Mit den Eiern, der Petersilie und den Oliven garnieren.

Pour la vinaigrette :

1. Olivenöl, Essig, Senf, Salz und Pfeffer mischen.
2. Zum Salat hinzugeben.

une cuillère à café *Teelöffel*
une cuillère à soupe *Esslöffel*
une boîte *Dose*
une pincée *Prise*

7 Hat es der Kundin geschmeckt? Höre und vervollständige folgenden Dialog, dieses Mal mit den bestimmten Artikeln.

hören
Tr. 5

La cliente : Excusez-moi !
Le serveur : Oui ?

La cliente : ________ soupe est froide et ________ sardines sont trop cuites.

Le serveur : Désolé madame. Je le dis au chef. Et le vin, il est bon ?

La cliente : Oui, ________ vin est bon et ________ desserts sont excellents !
Le serveur : Merci.
La cliente : L'addition, s'il vous plaît ?
Le serveur : Ça fait cinquante-deux euros.
La cliente : Voilà monsieur.
Le serveur : Merci. Au revoir !

Nomen: Geschlecht und Pluralform

Im Französischen gibt es weibliche und männliche Nomen: **la soupe** (f), **le dessert** (m). Weibliche Wörter haben oft ein „e" am Ende: ➡ **la sardine, la mangue, la ratatouille.** Es gibt aber auch ein paar männliche Wörter, die auf „e" enden. Das ist aber eher die Ausnahme: ➡ **le fromage, le musée.** Es gibt Wörter, die einen Mann bezeichnen wie **le client** (*Kunde*). Hängt man ein **-e** an, bezeichnet man mit demselben Wort eine Frau: **la cliente**.
Im Plural wird für beide Formen beim Nomen ein **-s** angehängt.
➡ **les sardines, les desserts, les abricots**
Aber wie immer gibt es Ausnahmen: Wörter, die auf -**eau**, -**au** oder -**eu**, enden, erhalten im Plural ein „x". ➡ **l'eau : les eaux, le château : les châteaux**

8 Suche die Wörter in der Schlange und ordne sie der deutschen Übersetzung zu. Wir helfen bei Nomen mit dem Artikel.

CLIENTFROIDSARDINEEXCELLENTCLIENTEVINSCUITBON

la ________ ➡ *die Kundin* ________ ➡ *gut*

les ________ ➡ *die Weine* ________ ➡ *gekocht*

la ________ ➡ *die Sardine* ________ ➡ *exzellent*

le ________ ➡ *der Kunde* ________ ➡ *kalt*

9 Bist du zufrieden mit dem Essen und dem Trinken? Höre folgende Bewertungen. Achte auf die Betonung und markiere sie mit ☺ für positiv und ☹ für negativ.

hören
Tr. 6

	☺	☹
1. Les desserts sont excellents !	○	○
2. La quiche est trop cuite !	○	○
3. Les sardines sont trop salées !	○	○
4. Le vin est très bon !	○	○
5. La soupe est froide !	○	○
6. La mousse est excellente !	○	○

10 Jetzt muss du bestellen! Du bist in einem leckeren Restaurant. Höre zuerst folgende Aussagen und finde heraus, wofür man sie braucht. Diese Sätze sind wirklich nützlich, wenn du in Frankreich bist. Präge sie dir also gut ein, indem du sie immer wieder anhörst und am besten auswendig lernst.

hören
Tr. 7

1. Excusez-moi ! •	**A** Um sich zu bedanken.
2. L'addition, s'il vous plaît. •	**B** Um die Nachspeise zu bestellen.
3. En entrée, une salade niçoise. •	**C** Um nach der Karte zu fragen.
4. Pour le dessert, un parfait à la mangue. •	**D** Um die Hauptspeise zu bestellen.
5. Bonjour ! •	**E** Um jemanden zu begrüßen.
6. En plat principal, des sardines grillées. •	**F** Um die Vorspeise zu bestellen.
7. Au revoir ! •	**G** Um zu bezahlen.
8. La carte, s'il vous plaît. •	**H** Um den Kellner / die Kellnerin zu rufen.
9. Merci ! •	**I** Um sich zu verabschieden.

11 Bringe jetzt folgende Aussagen in eine chronologische und logische Ordnung und nummeriere die Sätze.

____ **A** On peut payer, s'il vous plaît ?
____ **B** Pour le dessert, une mousse au chocolat.
____ **C** Bonjour !
____ **D** En plat principal, des sardines grillées.
____ **E** Au revoir !
____ **F** La carte, s'il vous plaît.
____ **G** En entrée, une salade niçoise.

POURBOIRE

Wenn du mit dem Essen und dem Trinken zufrieden bist, dann kannst du beim Gehen Trinkgeld **(le pourboire)** auf dem Tisch liegen lassen.

12 fühlen

Jetzt bist du der Chefkoch oder die Chefköchin in einem Restaurant. Erfinde für verschiedene Anlässe die verrücktesten Gerichte ganz nach deinem Geschmack.
Amuse-toi bien et bon appétit!

Et n'oublie pas le vin !
Vergiss nicht den Wein dazu!

Menu de ______

Entrée

Soupe de ______

et ______

Plat

______ grillé et

purée de ______

Dessert

Sorbet à ______

Menu d'anniversaire

Entrée

Soufflé au ______

Plat

Filet de ______ et

gratin de ______

Dessert

Crêpe à ______

Menu de Noël

Entrée

Flan de ______

et ______

Plat

______

sauce ______

et pâtes à ______

Dessert

Mousse à

______

EIN KLEINER LERNTIPP

Am besten lernt man, wenn man dabei etwas selbst tut. Koche also eines deiner Menüs nach und sprich dabei die Namen der Gerichte aus. So prägen sich die neuen Wörter besser ein.
Viel Spaß beim Kochen und Genießen!

Menu de pique-nique

Entrée

Quiche au ______

Plat

Salade de ______,

______

et ______

Dessert

Crème à ______

Lösungen:

1. soufflé, quiche, soupe, champignon, crème, filet, cabillaud, truffes, sardines, citron, gratin, aubergine, fondue, dessert, parfait, vanille, crêpe, confiture, abricot, mousse au chocolat
2. entrée : la soupe de champignons
plat : le filet de cabillaud avec les pâtes
dessert : la mousse au chocolat
3. 1B; 2C; 3A
4. 1: blanc; 2: confiture; 3: abricot;
4: champignon; 5: mousse; 6: soufflé; 7: mangue;
8: côtelette; 9: aubergine
5. 1B; 2D; 3E; 4C; 5G; 6F; 7A; 8I; 9H
6. Yann: Pour moi en entrée, **un** soufflé (m) au fromage, s'il vous plaît.
Marie : Et pour moi, **une** soupe (f) à l'oignon avec **des** croûtons (m). Et en plat principal, **des** sardines (f) grillées avec **des** pâtes (f).
Yann : Ah! Pour moi, juste **des** pâtes (f).
Je suis végétarien !
Marie : Et pour le dessert ?
La cliente : Pour le dessert, **une** mousse (f) au chocolat.
Marie : Mmmm. Pour moi, aussi **une** mousse (f) au chocolat !
7. La cliente : **La** soupe est froide et **les** sardines sont trop cuites.
La cliente : Oui, **le** vin est bon et **les** desserts sont excellents.
8. la cliente; bon; les vins; cuit; la sardine; excellent; le client; froid
9. 1.+; 2-; 3-; 4+; 5-; 6+
10. 1.H; 2.G; 3.F; 4.B; 5.E; 6.D; 7.I; 8.C; 9.A
11. 1C; 2F; 3G; 4D; 5B; 6A; 7E

Transkriptionen

TR. 2

- *Also, ich schlage Ihnen als Vorspeise ein Käsesoufflé, eine Zwiebelquiche oder eine Pilzcremesuppe vor.*
- *Oh, die Pilzsuppe, bitte!*
- *In Ordnung! Und als Hauptgericht schlage ich Ihnen ein Kabeljaufilet mit Trüffelnudeln vor oder gegrillte Sardinen mit Zitrone und Auberginengratin oder ein Käsefondue.*
- *Das Kabeljaufilet mit den Nudeln, bitte.*
- *Sehr gut. Und zum Nachtisch schlage ich Ihnen ein Vanille-Mango-Parfait, eine Crêpe mit Aprikosenkonfitüre oder eine Mousse au Chocolat vor.*
- *Die Mousse au Chocolat natürlich!*

TR. 4

Yann: Für mich als Vorspeise ein Käsesoufflé, bitte.
Marie: Und für mich eine Zwiebelsuppe mit Croûtons. Und als Hauptgericht gegrillte Sardinen mit Nudeln.
Yann: Ah, für mich nur Nudeln. Ich bin Vegetarier!
Marie: Und was ist mit dem Nachtisch?
Yann: Zum Nachtisch eine Mousse au chocolat.
Marie: Mmmm. Für mich auch eine Mousse au chocolat!

TR. 5

Die Kundin : Entschuldigung!
Der Kellner: Ja?
Die Kundin: Die Suppe ist kalt und die Sardinen sind zerkocht.
Der Kellner: Tut mir leid. Ich werde es dem Koch sagen. Und der Wein, ist er gut?
Die Kundin: Ja, der Wein ist gut und die Desserts sind ausgezeichnet!
Der Kellner: Danke.
Die Kundin: Die Rechnung, bitte!
Der Kellner: Das macht zweiundfünfzig Euro.
Die Kundin: Bitte sehr.
Der Kellner: Danke. Auf Wiedersehen!

TR. 6

1. *Die Nachspeisen sind ausgezeichnet!*
2. *Die Quiche ist zu dunkel gebacken!*
3. *Die Sardinen sind zu salzig!*
4. *Der Wein ist sehr gut!*
5. *Die Suppe ist kalt!*
6. *Die Mousse ist ausgezeichnet!*

TR. 7

1. *Entschuldigung!*
2. *Die Rechnung, bitte.*
3. *Als Vorspeise einen Nizza-Salat.*
4. *Zum Nachtisch ein Mango-Parfait.*
5. *Guten Tag!*
6. *Als Hauptgericht gegrillte Sardinen.*
7. *Auf Wiedersehen!*
8. *Die Speisekarte, bitte.*
9. *Danke!*
10. *Eine Karaffe Leitungswasser, bitte.*

Lektionswortschatz

l'oignon (m)	*Zwiebel*
le champignon	*Pilz*
la truffe	*Trüffel*
l'aubergine (f)	*Aubergine*
la vanille	*Vanille*
le citron	*Zitrone*
l'abricot	*Aprikose*
la mangue	*Mango*
le vin blanc	*Weißwein*
le vin rouge	*Rotwein*
la confiture	*Marmelade*
le/la serveur(-euse)	*Kellner(in)*
le fromage	*Käse*
le cabillaud	*Kabeljau*
les pâtes (f)	*Pasta, Nudeln*
la sardine	*Sardine*
la quiche	*Quiche, salziger Kuchen*
le soufflé	*Soufflé*
le gratin	*Auflauf*
la crêpe	*Pfannkuchen, Crêpe*
alors	*also*
l'entrée (f)	*Vorspeise*
proposer	*vorschlagen*
la soupe	*Suppe*
le/la client(e)	*Kunde/Kundin*
s'il vous plaît	*bitte*
d'accord	*einverstanden*
le plat principal	*Hauptspeise*
le filet	*Filet*
avec	*mit*
ou	*oder*
grillé(e)	*gegrillt*
la fondue	*Fondue*
très bien	*sehr gut*
le dessert	*Nachspeise*
le parfait	*Parfait*
la mousse au chocolat	*Mousse au chocolat*
bien sûr	*selbstverständlich*
Santé !	*Zum Wohl!*
le verre	*Glas*
le champagne	*Champagner*
conseiller	*empfehlen*
l'orange (f)	*Orange*
la côtelette	*Kotelett*
le steak	*Steak*
les frites (f)	*Pommes*
pour	*für*
moi	*mich*
les croûtons (m)	*Croutons*
juste	*nur*
le/la végétarien(ne)	*Vegetarier(in)*
aussi	*auch*
froid(e)	*kalt*
Excusez-moi!	*Verzeihung! Bitte! Entschuldigen Sie!*
trop	*zu viel, zu sehr*
trop cuit	*verkocht, zu dunkel gebacken*
dire	*sagen*
désolé(e)	*es tut mir leid*
madame	*Frau (Anrede)*
le/la chef	*Küchenchef(in)*
monsieur	*Herr (Anrede)*
bon(ne)	*gut*
excellent(e)	*exzellent*
merci	*danke*
l'addition (f)	*Rechnung*
ça fait	*das macht*
cinquante-deux	*zweiundfünfzig*
euro	*Euro*
voilà	*hier bitte*
au revoir	*auf Wiedersehen*
le musée	*Museum*
l'eau (f)	*Wasser*
le château	*Schloss*
la carte	*Karte*
la carafe	*Karaffe*
payer	*zahlen*
s'amuser	*Spaß haben*
bon appétit	*guten Appetit*
le pourboire	*Trinkgeld*
le menu	*Menü*
le sorbet	*Sorbet*
l'anniversaire (m)	*Geburtstag*
Noël	*Weihnachten*
le flan	*Flan, Pudding*
la purée	*Püree*
la sauce	*Sauce*
le pique-nique	*Picknick*

Voilà l'été !

HIER KOMMT DER SOMMER!

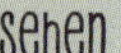

sehen

Der 21. Juni ist nicht nur der Auftakt des Sommers, sondern auch die kürzeste Nacht oder besser gesagt der längste Tag des Jahres. Grund genug für die Franzosen, um zu feiern. Die **Fête de la musique** (*Fest der Musik*) unter dem Motto **Faites de la musique !** (*Macht Musik!*) findet statt. Anders gesagt, jeder darf auf der Straße musizieren, wie und was er möchte. Ein richtiges Fest für die Ohren, auch wenn es manchmal etwas schief klingt! Hörst du schon die Musik?

hören
Tr. 8

la chanson
Lied

chercher
suchen

parler
sprechen

danser
tanzen

habiter
wohnen

adorer
sehr mögen

la cerise
Kirsche

drôle
lustig

la Suisse
Schweiz

la France
Frankreich

le Canada
Kanada

le Sénégal
Sénégal

la Belgique
Belgien

la fête
Feier, Fest

la bise
Küsschen

la place
Platz

l'Allemagne (f)
Deutschland

l'Autriche (f)
Österreich

le Portugal
Portugal

les États-Unis
Vereinigte Staaten

Tr. 9 Langsam bricht die Abenddämmerung in Bordeaux an. Ein rosafarbenes Licht hüllt die Stadt ein. Die Luft ist noch sehr warm. Viele Leute aus aller Welt feiern miteinander. Die Stimmung ist ausgelassen. Hier an der Straßenecke spielt eine kleine Band. Es ist ein wenig laut, aber sehr stimmungsvoll! Höre die Dialoge an und lies, was gesagt wird.

BERNADETTE ET GUY

- Guy, enchanté.
- ◎ Ah ! Vous êtes direct, monsieur ! Moi, c'est Bernadette.
- La Bernadette de la chanson ?
- ◎ Non, je m'appelle vraiment Bernadette. Et je suis une vraie Canadienne.
- C'est drôle, moi, je suis un vrai Sénégalais.

HENRI ET LUCIE

- Bonjour. Vous êtes bordelais ?
- ◎ Oui. Vous cherchez quelque chose ?
- Oui, la place de la Comédie.
- ◎ C'est ici !
- Oh merci.
- ◎ Je m'appelle Henri.
- Comme dans la chanson ? C'est drôle !
- ◎ Vous êtes charmante !
- Je me présente, je m'appelle Lucie.
- ◎ Vous êtes française ?
- Non, je suis suisse, de Lausanne.

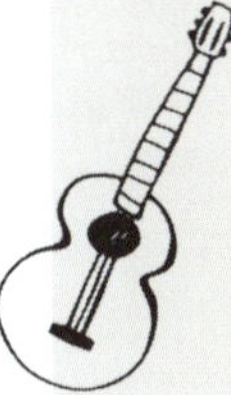

ALEXANDRE ET ÉLODIE

- Salut.
- ◎ Salut. La chanson « Alexandre » est magnifique. Non ?
- Oui, pas mal. Moi, c'est Alexandre ! Mais tu peux m'appeler Alex.
- ◎ D'accord ! Moi, c'est Élodie. Tu es d'où ?
- Je suis de Reims. Et toi ?
- ◎ Moi, je suis belge, de Bruxelles.

AÏCHA ET SAMUEL

- C'est sympa, non ?
- ◎ Oui, quelle ambiance !
- Moi, c'est Aïcha. Et toi ?
- ◎ Non ! Comme la chanson ? Moi, c'est Samuel. Tu habites où ?
- J'habite à Brest. Et toi ?
- ◎ J'habite à Lille, mais j'adore Bordeaux.

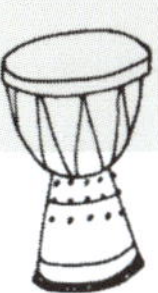

1 hören Tr. 9

Höre die Dialoge ein zweites Mal an und entscheide: Sind diese Aussagen richtig, falsch oder weiß man es nicht? **Vrai, faux ou on ne sait pas?**

	vrai	faux	On ne sait pas.
1. Aïcha adore Bordeaux.	○	○	○
2. Samuel habite à Lille.	○	○	○
3. Samuel et Aïcha aiment la fête de la musique.	○	○	○
4. Bernadette est sénégalaise.	○	○	○
5. Guy est canadien.	○	○	○
6. Lucie est suisse.	○	○	○
7. Henri est français	○	○	○
8. Alexandre et Élodie sont belges.	○	○	○

2 sehen

Élodie, Lucie, Bernadette und Guy sind frankophon. Sie sprechen Französisch. Finde heraus, woher sie kommen und notiere ihre Namen auf der Weltkarte. Es gibt aufgrund der Geschichte einige Länder auf der Welt, in denen Französisch auch außerhalb von Frankreich eine Mutter- oder Amtssprache ist.

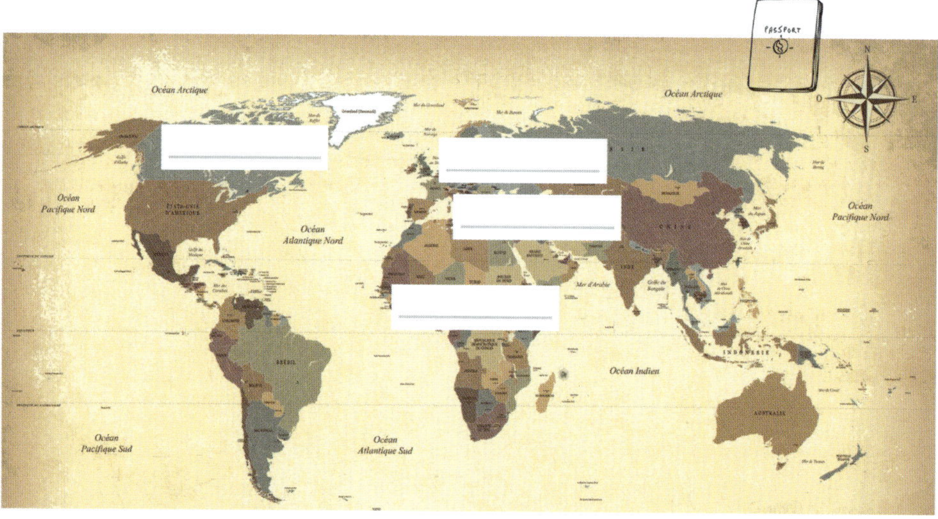

DES CHANSONS

Guy, Élodie, Lucie und Samuel beziehen sich in den Dialogen auf bekannte französische Schlager, in denen über Personen gesungen wird, die wie ihre Gesprächspartner (Bernadette, Henri, Aïcha, Alexandre) heißen. Willst du dir die Chansons anhören? Dann suche im Internet nach ihnen: *Nino Ferrer, Le téléfon (1967); Daniel Balavoine, Le chanteur (1978); Khaled, Aïcha (1996); Juliette Armanet, Alexandre (2017).* Versuche beim Anhören, die Vornamen zu erkennen.

Sich französische Chansons anzuhören ist ein sehr guter Weg, sich die Melodie der Sprache anzueignen! Im Internet findest du auch die Texte – sing direkt mit!

hören

Tr. 10

Regelmäßige Verben mit Infinitiv auf -er

In den Dialogen kommt die regelmäßige Form der französischen Verben vor, die im Infinitiv auf -**er** enden: **se présenter, s'appeler, habiter, chercher, danser, adorer, parler**. Schau dir die Endungen von **danser** in der Tabelle an und höre sie dir an. Die unterstrichenen Formen spricht man gleich aus.

je danse	*ich tanze*	**nous dansons**	*wir tanzen*
tu danses	*du tanzt*	**vous dansez**	*ihr tanzt*
il/elle danse	*er/sie tanzt*	**ils/elles dansent**	*sie tanzen*

3 Die Endungen sind bei allen Verben auf -er gleich. Ergänze die Verbendungen in folgenden Sätzen:

1. Nous nous présent_____ : je m'appell_____ Marianne et il s'appell_____ Jean.
2. Vous habit_____ à Lille? J'habit_____ à Marseille, mais Louise habit_____ à Lille.
3. Ils cherch_____ le Capitole. Ils ador_____ Toulouse.
4. Tu dans_____ ? J'ador_____ danser !
5. Nous habit_____ à Nice.

ÊTRE – SEIN

Être ist ein sehr wichtiges unregelmäßiges Verb. Lern es auswendig!

je suis	**nous sommes**
tu es	**vous êtes**
il/elle est	**ils/elles sont**

Kleine Hilfe zu Ortsangaben

So kannst du folgende Präpositionen für Ortsangaben verwenden:

- Wenn du aus einem Land oder einer Stadt kommst:
  de → de Paris/de France/d'Allemagne
- Wenn du in einer Stadt bist oder dort hingehst: **à → à Paris/à Berlin/à Montréal**
- Wenn du in einem Land bist oder dort hingehst:
  Das Land ist weiblich* oder beginnt mit einem Vokal:
  en → en Allemagne/en France/en Belgique
  Das Land ist männlich*: **au → au Canada/au Portugal**
  Das Land steht im Plural: **aux → aux États-Unis**

* Am Ende der Lektion findest du eine Liste der Länder.

REZEPT

Le clafoutis

KIRSCHAUFLAUF

Schmecken

Der Frühling geht zu Ende. Der Sommer kommt und die Kirschen sind reif zur Ernte. Es ist Zeit für einen leckeren **Clafoutis**. Zum Kaffee oder als Nachspeise hat dieser Klassiker jedes Jahr in ganz Frankreich im Sommer Hochsaison. Traditionell mit Kirschen gibt es den Clafoutis auch in etlichen Variationen mit verschiedenen reifen Früchten der Saison Für alle Leckermäuler: Lasst es euch schmecken!

Zutaten:

600g de cerises - **150g** de sucre - **150g** de farine - **60g** de beurre - **30cl** de lait - **3** œufs - **1** sachet de sucre vanillé - **1** pincée de sel - **1** cuillère à soupe de Kirsch

1. Die Kirschen waschen und entkernen.
2. Die Kirschen in eine Schüssel mit 50g Zucker geben. 30 Minuten stehenlassen.
3. In einer anderen Schüssel das Mehl, 100g Zucker, 30g Butter und eine Prise Salz mischen.
4. Die Eier und einen Esslöffel Kirschlikör hinzufügen und vermischen.
5. Eine Backform mit Butter einfetten und die Kirschen hineingeben.
6. Mit dem Teig bedecken.
7. Backform in den auf 210 °C vorgeheizten Ofen stellen und 30 Minuten backen.
8. Vanillezucker darüber streuen.
9. **Régale-toi !**

le sucre *Zucker*
la farine *Mehl*
le beurre *Butter*
le lait *Milch*
le sucre vanillé *Vanillezucker*
le Kirsch *Kirschlikör*
Régale-toi ! *Lass es dir schmecken!*

Adjektive

Im Französischen passt du die Adjektive in Geschlecht und Zahl an das Substantiv an. Die Grundform der Adjektive ist männlich. Die weibliche Form bekommt ein **-e** am Ende. Im Plural wird bei beiden Formen wie beim Substantiv ein **-s** angehängt.

Singular maskulin	Singular feminin	Plural maskulin	Plural feminin

le **vrai** Sénégalais	la **vraie** Canadienne	les **vrais** Allemands	les **vraies** Allemandes

4 Nationalitäten verhalten sich gleich wie Adjektive. Verbinde das Land mit der männlichen und der weiblichen Form der Nationalität.

1. l'Autriche	**A** un Belge		**A** une Française
2. l'Allemagne	**B** un Français		**B** une Belge
3. la France	**C** un Autrichien		**C** une Autrichienne
4. la Belgique	**D** un Allemand		**D** une Allemande

Was passiert bei der weiblichen Form, wenn das Wort im Maskulinum mit einem „n" endet? ______________________

5 Du triffst noch andere Feierfreudige bei der **Fête de la musique**. Höre der Vorstellung gut zu und lies mit. Vervollständige die Tabelle mit den Bezeichnungen für die Einwohner von Marseille und Kanada.

Tr. 11

Salut, moi, c'est Bruno. Je suis italien, **de** Rome, mais j'habite actuellement **en** France **à** Marseille. J'adore les Marseillais, ils sont très drôles. Et les Marseillaises sont charmantes. Elle, c'est Claire. Elle est française, mais elle habite **au** Canada. Elle adore les Canadiens !

	männlich		**weiblich**	
Singular	Marseillais	Canadien	Marseillaise	Canadienne
Plural				Canadiennes

6 Jetzt bist du dran! Klebe hier dein Foto ein und stelle dich vor. Wir helfen dir dabei.

Bonjour, je m'appelle ______________.

Je suis ______________

de ______________. J'habite actuellement

au/en * ______________

à ______________.

J'adore les ______________.

Ils sont très ______________ !

JEMANDEN TREFFEN

Nach der Begrüßung kannst du dich auch nach dem Wohlbefinden deines Gesprächspartners erkundigen: **Comment ça va ?** oder **Ça va ?** *(Wie geht es dir?)*

Willst du höflich sein oder dich an mehrere Personen wenden:
Comment allez-vous ? *(Wie geht es Ihnen?)*

Falls die Person dich zuerst fragt, sagst du einfach nach deiner Antwort:
Et toi ? *(Und dir?)* oder **Et vous ?** *(Und Ihnen?)*, um höflich zu sein.

Und wenn du einfach nur antworten willst: **Très bien, merci.** oder **Ça va, merci.** *(Sehr gut, danke.)*

7 Und jetzt ein kleines Training, damit du dich bei deiner nächsten **Fête de la musique** noch besser an die französischen Gewohnheiten anpassen kannst. Suche in den Dialogen, woher Aïcha, Samuel, Henri und Alex kommen. Suche die Städte auf der Karte und gib die richtige Anzahl der **bises** *Küsschen*, die sie geben, an. Pass auf! Es sind nicht überall gleich viele!

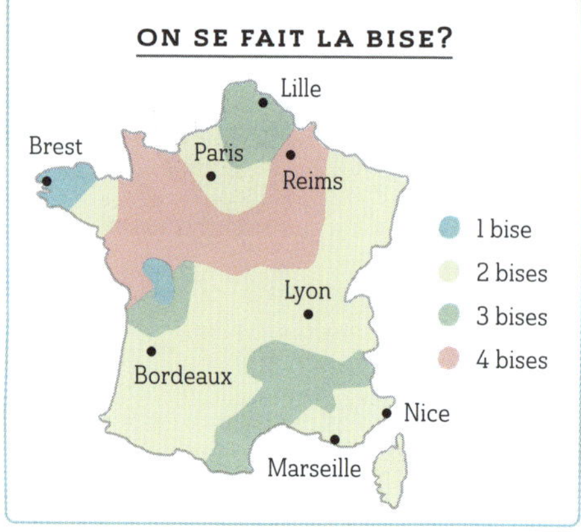

1. Henri •
2. Aïcha •
3. Samuel •
4. Alexandre •

A 1 bise
B 2 bises
C 3 bises
D 4 bises

ET LA BISE, TU CONNAIS ? KENNST DU DIE „BISE"?

Die Franzosen haben die Gewohnheit, sich zur Begrüßung Wangenküsschen zu geben, wenn sie sich besser kennen.

8 fühlen

Faites de la musique ! So beginnt das Lied „Le Téléfon" von Nino Ferrer. Siehst du, wie schön es sich reimt? Du kannst es dir auch im Internet anhören.

Bernad**ette**, elle est très chou**ette**
Et sa cous**ine**, elle est div**ine**
Mais son cous**in**, il est malsa**in**...
Nino Ferrer, Le Téléfon, 1967

chouette *toll*
divin(e) *göttlich*
malsain(e) *boshaft*

REIME

Lieder und Gedichte sind oft gereimt. So konnten sich Minnesänger schon im Mittelalter sehr lange Texte merken. Du kannst dir mit Hilfe von Reimen Vokabeln gut merken.

Maintenant c'est à toi! *Jetzt bist du dran!*
Erfinde ein paar Reime und sing sie laut durch deine Wohnung! Vielleicht hast du bis zur nächsten **Fête de la musique** ein ganzes Lied zusammen und kannst dort schon auftreten! **Amuse-toi bien !** *Viel Spaß!*

Wir helfen dir am Anfang:

Titre: ______

auteur/autrice: ______

______, elle est sympa,

Angél**ique**, elle est ______

Nic**ole**, elle est ______

Et Arm**and**, il est ______

Elisab**eth**, elle est très ______

Et Géral**dine**, elle est ______

Alexandr**a**, elle est ______

______, elle adore dans**er**.

______.

______

...

Du kennst schon ein paar Adjektive, die du einsetzen könntest:
charmant(e), drôle, sympa/sympathique, magnifique, chouette, divin(e), malsain(e)

Lösungen

1. 1: on ne sait pas; 2: vrai; 3: vrai; 4: faux; 5: faux; 6: vrai; 7: vrai; 8: faux;

2.

3. 1. Nous nous présentons, je m'appelle, il s'appelle
2. Vous habitez , j'habite , elle habite
3. Ils cherchent, ils adorent
4. Tu danses, j'adore
5. Nous habitons

4. 1. c.c | 2. d.d | 3. b.a | 4. a.b
Das n wird verdoppelt.

5.

		männlich		weiblich
Sg	Marseillais	Canadien	Marseillaise	Canadienne
Pl	Marseillais	Canadiens	Marseillaises	Canadiennes

7. 1C; 2A; 3B; 4D

Transkriptionen

TR. 9

Bernadette et Guy

G: Guy, sehr erfreut.
B: Sie sind sehr direkt. Ich bin Bernadette.
G: Die Bernadette aus dem Lied?
B: Nein, ich heiße wirklich Bernadette. Und ich bin eine echte Kanadierin.
G: Das ist lustig, ich bin ein echter Senegalese.

Alexandre et Élodie

A: Hallo.
E: Hallo. Das Lied „Alexandre" ist wunderschön. Oder?
A: Ja, nicht schlecht. Ich heiße Alexandre! Aber du kannst mich Alex nennen.
E: Okay! Ich heiße Elodie. Woher kommst du?
A: Ich komme aus Reims. Und du?
E: Ich bin Belgierin, aus Brüssel.

Henri et Lucie

L: Guten Tag. Sind Sie aus Bordeaux?
H: Ja. Suchen Sie etwas Bestimmtes?
L: Ja, den Place de la Comédie.
H: Der ist hier.
L: Oh, danke.
H: Ich heiße Henri.
L: Wie in dem Lied? Das ist lustig!
H: Sie sind sehr charmant!
L: Ich möchte mich vorstellen, mein Name ist Lucie.
H: Sind Sie aus Frankreich?
L: Nein, ich bin Schweizerin aus Lausanne.

Aïcha et Samuel

A: Ist das nicht schön?
S: Ja, das ist eine tolle Atmosphäre!
A: Ich bin Aïcha. Und du?
S: Nein! Wie in dem Lied? Ich bin Samuel. Wo wohnst du?
A: Ich wohne in Brest. Und du?
S: Ich wohne in Lille, aber ich liebe Bordeaux.

TR. 11

Hallo, ich bin Bruno. Ich bin Italiener, aus Rom, aber ich wohne zurzeit in Frankreich in Marseille. Ich liebe die Marseiller, sie sind sehr lustig. Und die Marseillerinnen sind sehr charmant. Das ist Claire. Sie ist Französin, aber sie lebt in Kanada. Sie liebt die Kanadier!

Lektionswortschatz

la chanson	*Lied*
chercher	*suchen*
parler	*sprechen*
danser	*tanzen*
habiter	*wohnen*
adorer	*sehr mögen*
la cerise	*Kirsche*
drôle	*lustig*
la Suisse	*Schweiz*
la France	*Frankreich*
le Canada	*Kanada*
le Sénégal	*Senegal*
la Belgique	*Belgien*
la fête	*Feier, Fest*
la bise	*Küsschen*

la place	*Platz*
l'Allemagne	*Deutschland*
l'Autriche	*Österreich*
le Portugal	*Portugal*
les États-Unis	*Vereinigte Staaten*
enchanté(e)	*sehr erfreut, angenehm*
être	*sein*
direct(e)	*direkt*
s'appeler	*heißen*
vraiment	*wirklich*
vrai(e)	*echt*
le/la Canadien(ne)	*Kanadier(in)*
le/la Sénégalais(e)	*Senegalese(-lesin)*
salut	*hallo*
magnifique	*wunderschön*
pas mal	*nicht schlecht*
mais	*aber*
pouvoir	*können*
d'accord	*einverstanden*
où	*wo*
le/la Belge	*Belgier(in)*
de	*aus/von*
bonjour	*Guten Tag*
quelque chose	*etwas*
ici	*hier*
comme	*wie*
charmant(e)	*charmant*
se présenter	*sich vorstellen*
le/la Français(e)	*Franzose(-zösin)*
le/la Suisse	*Schweizer(in)*
sympa	*nett, sympathisch*
l'ambiance (f)	*Atmosphäre*
toi	*du/dich*
s'appeler	*heißen*
l'Allemagne (f)	*Deutschland*
le Portugal (m)	*Portugal*
les États-Unis	*USA*
l'Autrichien(ne) (m/f)	*Österreicher(in)*
l'Allemand(e) (m/f)	*Deutscher, Deutsche*
l'Italien(ne) (m/f)	*Italiener(in)*
actuellement	*zur Zeit*
le/la Marseillais(e)	*Bewohner(in) von Marseille*
très	*sehr*
Comment ça va ?	*Wie geht es dir/Ihnen?*
Et toi ? Et vous ?	*Und dir? Und Ihnen?*
très bien	*sehr gut*
Ça va.	*Es geht gut.*
chouette	*toll*
divin(e)	*göttlich*
malsain(e)	*boshaft*
le titre	*Titel*
l'auteur(-trice) (m/f)	*Autor(in)*

MÄNNLICH → Präposition **au**

le Cameroun	*Kamerun*
le Canada	*Kanada*
le Danemark	*Dänemark*
le Liban	*Libanon*
le Maroc	*Marokko*
le Mexique	*Mexiko*
le Pérou	*Peru*
le Portugal	*Portugal*
le Royaume-Uni	*Vereinigtes Königreich*
le Viêt-nam	*Vietnam*

WEIBLICH → Präposition **en**

l'Allemagne	*Deutschland*
l'Autriche	*Österreich*
la Belgique	*Belgien*
l'Espagne	*Spanien*
la Chine	*China*
la France	*Frankreich*
la Grèce	*Griechenland*
la Hongrie	*Ungarn*
l'Italie	*Italien*
l'Irlande	*Irland*
la Norvège	*Norwegen*
la Russie	*Russland*
la Slovaquie	*Slowakei*
la Suède	*Schweden*
la Suisse	*Schweiz*
la Syrie	*Syrien*
la Turquie	*Türkei*

PLURAL → Präposition **aux**

les Pays-Bas	*Niederlande*
les États-Unis	*Vereinigte Staaten*

J'adore !

DAS LIEBE ICH!

sehen

Ça y est, c'est les vacances! *Die Ferien sind endlich da!* Du kannst dich entspannen. Um das Leben in vollen Zügen zu genießen, lerne dich selbst kennen. Was sind deine Vorlieben? Was magst du? Hier sind ein paar Ideen!

hören
Tr. 12

la ville
Stadt

le village
Dorf

le centre
Zentrum

le musée
Museum

la famille
Familie

le couple
Paar

l'ami(e)
Freund(in)

être seul(e)
allein sein

la nature
Natur

la mer
Meer

la rivière
Fluss

le bateau
Schiff

manger
essen

dormir
schlafen

faire du vélo
Rad fahren

nager
schwimmen

écouter de la musique
Musik hören

lire
lesen

faire une promenade
spazierengehen

se relaxer
sich entspannen

Tr. 13, 14

- Je m'appelle Aurore. Je suis française et j'habite à Lyon. J'adore la ville. J'adore le centre. Il y a des théâtres, des cafés, des cinémas. C'est agréable et vivant. J'aime sortir et manger au restaurant. Dans mon quartier, il y a un petit restaurant excellent. Les desserts sont délicieux, surtout la mousse au chocolat. J'adore le chocolat ! Mais je suis végétarienne, je ne mange pas de viande.

◎ Moi c'est Mathieu. J'habite dans un petit village en Normandie. J'aime le calme. La Normandie, c'est une région magnifique. Il y a la mer, la nature. Je suis sportif. J'adore faire des promenades, du jogging et faire du vélo dans la nature. Je n'aime pas la ville et je déteste le stress.

1 hören Tr. 13, 14

Franzosen gelten als Genießer. Kennst du welche? Hier stellen sich zwei vor. Höre dir an, was sie sagen.

2 sehen

Beziehen sich folgende Aussagen auf Aurore oder auf Mathieu? Schreibe den passenden Namen in die Lücke.

1. ________________ aime faire du jogging dans la nature.
2. ________________ n'aime pas le stress de la ville.
3. ________________ aime manger au restaurant.
4. ________________ habite en Normandie.
5. ________________ adore le chocolat.
6. ________________ habite à Lyon.
7. ________________ ne mange pas de viande.
8. ________________ aime la mer.

3 hören Tr. 13

Höre und lese gleichzeitig die Vorstellung von Aurore. Suche nach Gründen, warum sie eine Genießerin ist und ergänze die Aufzählung.

Elle aime sortir, ____________, ____________, ____________,

____________, ____________.

4 hören Tr. 14

Höre und lese gleichzeitig die Vorstellung von Mathieu. Suche auch hier nach Gründen, warum er ein Genießer ist und ergänze die Aufzählung.

Il aime la mer, ____________, ____________, ____________,

____________, ____________.

LE VERBE «AIMER» – LIEBEN

etwas mögen: aimer + Nomen: **J'aime le vin rouge.**
jemanden lieben: aimer + Namen: **J'aime Marie.**
etwas gerne machen: aimer + Verb: **J'aime faire du vélo.**

5 sehen

Et toi ? Tu es un bon vivant/une bonne vivante ? *Und du? Genießt du gerne?* Schaue auf den Bildvokabelseiten der Lektionen 1, 2 und 3 nach. Wähle aus, was du magst bzw. was du liebst und ergänze dein Profil unten. Natürlich darfst du auch etwas nicht mögen und sogar hassen! Male die Sterne nach folgendem Schema an: *Je déteste* ★, *Je n'aime pas* ★★, *J'aime* ★★★, *J'adore* ★★★★.

Mon profil de bon vivant/ bonne vivante

Nom: ____________

Prénom: ____________

Ville: ____________

Nationalité: ____________

Mobil: ____________

Klebe ein Bild von dir bei deiner Lieblingsaktivität ein.

Mon top 5:

☆☆☆☆
____

☆☆☆☆
____

☆☆☆☆
____

☆☆☆☆
____

☆☆☆☆
____

Die Verneinung

Im Französischen besteht die verneinte Form aus zwei Teilen: **ne** steht immer vor dem konjugierten Verb und **pas** immer nach dem konjugierten Verb.
Also: **Subjekt + ne + Verb + pas**

Bejahter Satz: Elle mange. 

Verneinung: Elle ne mange pas.

Wenn das Verb mit einem Vokal oder einem „h" anfängt, wird aus dem „ne" ein „n'". **Je n'aime pas la ville.**

6 Welche Sätze verstecken sich hinter diesen Wörterschlangen? Vergiss die Satzzeichen nicht.

sehen

1. **AUROREESTVÉGÉTARIENNEELLENEMANGEPASDEVIANDE**

____

2. **MATHIEUAIMELANATUREMAISILN'AIMEPASLAVILLE**

____

7 Höre folgende Sätze an und kreuze an, ob sie bejaht oder verneint sind.

hören

Tr. 15

	Bejahung	Verneinung
1.	○	○
2.	○	○
3.	○	○
4.	○	○
5.	○	○

8 Verneine folgende Sätze.

1. Mathieu habite à Lyon. ______________________________
2. Il fait la fête. ______________________________
3. Aurore est sportive. ______________________________
4. Elle mange les desserts au chocolat de sa maman.

____

La tarte au citron meringuée

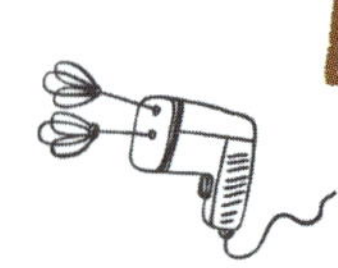

DIE ZITRONENBAISERTORTE

Schmecken

Du sitzt auf einer wunderschönen Terrasse und freust dich über den Blick aufs Meer. Die weißen Tischdecken und das Silberbesteck glänzen in der Mittagssonne und passen zum Meer, das in der Ferne glitzert. Der Geruch des Salzwassers kitzelt dich in der Nase. Um dein Glück komplett zu machen, bringt dir der Kellner einen wunderbaren Zitronenkuchen.

Profites-en bien ! *Genieße!*

Zutaten:

6 œufs - **250g** de sucre - **5cl** d'eau - **250g** de farine - **125g** de beurre - **2** citrons - **20cl** de crème fraîche - **1** pincée de sel - **150g** de sucre glace

1. Der Teig: Den Backofen auf 180 °C vorheizen. In einer Schüssel zwei Eigelb und 70 g Zucker mit etwas Wasser verrühren. Die Eiweiße beiseitestellen. In einer anderen Schüssel Mehl und Butter mischen und die Zucker-Eigelb-Mischung darübergießen. Den Teig zu einer Kugel formen und in einer gefetteten Form verteilen. Mit einer Gabel einstechen. Den Teig mit Backpapier belegen und getrocknete Bohnen darauf verteilen. Zehn Minuten backen. Der Teig darf nicht braun werden.
2. Die Creme: In einer Schüssel zwei ganze Eier und zwei Eigelb (das Eiweiß beiseitestellen), die Sahne und 180 g Zucker verrühren. Den Saft der zwei Zitronen mit der Schale hinzufügen.

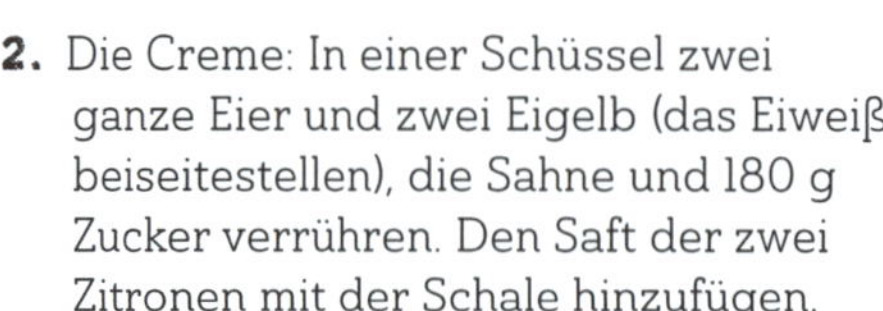

3. Den Teig aus dem Ofen nehmen, die Bohnen entfernen und die Creme hinzufügen. Dann wieder 30 Minuten backen.
4. Baiser: Die vier Eiweiße mit einer Prise Salz zu Schnee schlagen. Wenn das Eiweiß fest ist, langsam den Puderzucker hinzufügen und weiterrühren.
5. Das Baiser auf die gebackene Torte geben und weitere zehn Minuten backen, damit das Baiser goldbraun wird.
6. Die Torte für 40 Minuten im ausgeschalteten Ofen lassen, damit das Baiser knusprig wird.

Et régale-toi !
Und lass es dir schmecken!

9 Finde die passenden Bilder zu den Sätzen.

sehen

___ **A** faire de la mousse au chocolat
___ **B** faire du vélo
___ **C** faire une promenade
___ **D** faire du jogging
___ **E** faire du camping
___ **F** faire de la musique
___ **G** faire du beach-volley
___ **H** faire du bateau

10 Et toi ? Qu'est-ce que tu fais ?

Und du? Was machst du?

Je fais ______________________

et ______________________ .

Je ne fais pas ______________________ .

FAIRE – MACHEN

je fais	**nous faisons**
tu fais	**vous faites**
il/elle fait	**ils/elles font**

IL Y A

Il y a = *es gibt*
Il y a des théâtres et des cinémas.

11 Höre und ergänze folgenden Text.

hören
Tr. 16

1. À Paris, il y a ______________________ , ______________________
   et ______________________ .
2. Mais à Marseille, il y a ______________________ .
3. Dans ce restaurant, il y a ______________________
   et ______________________ délicieux !

EIN PRAKTISCHES VERB!
FAIRE – MACHEN

Faire kannst du für verschiedene Tätigkeiten verwenden.

Für den Sport:	Je **fais** du vélo, du jogging...	*Ich fahre Rad, jogge ...*
Für das Einkaufen:	Je **fais** les courses.	*Ich kaufe ein.*
Für die Musik:	Je **fais** du piano.	*Ich spiele Klavier.*
Für das Kochen:	Je **fais** la cuisine.	*Ich koche.*
Aber nicht für den Urlaub!	Je **passe** mes vacances en France.	*Ich verbringe meinen Urlaub in Frankreich.*

12 Bist du jetzt gut auf dich selbst fokussiert? Weißt du, was du gerne magst? Dann bist du bereit für einen Urlaub in Frankreich. Mach unseren Test, um zu erfahren, welche französische Region am besten zu dir passt.

TEST

Quelle est la region idéale pour tes prochaines vacances en France ?
Welche französische Region ist ideal für deinen nächsten Urlaub?

1. **Qu'est-ce que tu manges ?** *Was isst du?*
   - ◯ **A** J'aime les salades avec du tofu.
   - ◯ **B** Je déteste la cuisine locale, je préfère la cuisine de mon pays.
   - ◯ **C** Je préfère manger un sandwich.
   - ◯ **D** J'adore la cuisine locale dans un bon restaurant.

2. **Tu dors où ?** *Wo schläfst du?*
   - ◯ **A** Je préfère une chambre dans un hôtel de luxe avec une vue magnifique.
   - ◯ **B** Je déteste dormir à l'hôtel, je préfère louer un appartement.
   - ◯ **C** J'adore le camping dans la nature.
   - ◯ **D** J'aime les nuits romantiques sur un bateau sur une rivière.

3. **Quelle est ton activité préférée en vacances ?**
   Was ist deine Lieblingsbeschäftigung im Urlaub?
   - ◯ **A** Je préfère bronzer la journée et j'aime faire la fête le soir !
   - ◯ **B** J'adore visiter des musées.
   - ◯ **C** Je déteste les musées, j'aime l'aventure !
   - ◯ **D** J'aime les promenades calmes.

4. **Avec qui tu pars en vacances ?** *Mit wem fährst du in den Urlaub?*
   - ◯ **A** Je déteste partir seul(e), j'aime partir avec des ami(e)s.
   - ◯ **B** J'aime partir en famille.
   - ◯ **C** Je préfère partir seul(e) à l'aventure.
   - ◯ **D** Je préfère partir en couple.

Auswertung im Lösungsteil

13

fühlen

Le meilleur ! / Das Beste! 

Höre ein französisches Lied an, das dir gefällt, lass dich darauf ein und fülle den Bilderrahmen mit einer Zeichnung oder einer Collage mit deinen Vorlieben und allem, was du magst. Beschrifte alles auf Französisch!

- **Wenn du Chansons magst,...** dann suche nach Klassikern wie Edith Piaf, Barbara oder Serge Gainsbourg. Oder lieber etwas Moderneres wie Thomas Fersen, Benjamin Biolay, Philippe Katerine, Vianney oder Zaz?
- **Oder magst du es poppiger?** Dann höre dir Hollydays oder Stromae an.
- **Oder Filmmusik?** Dann suche nach Philippe Sarde oder Yann Tiersen.

Jetzt ist es an der Zeit, dass du es dir gut gehen lässt! Das nächste Wochenende widmest du allen deinen Vorlieben. Und damit es noch stimmungsvoller wird, sag jedes Mal auf Französisch, was du gerne machst, während du es tust!
Vive la vie ! *Es lebe das Leben!*

MINDMAPS

Um dir Vokabeln merken zu können, kannst du Mindmaps machen, die veranschaulichen, was du (nicht) magst.

J'adore
J'aime
Je déteste

Lösungen

2. 1. Mathieu; 2. Mathieu; 3. Aurore; 4. Mathieu; 5. Aurore; 6. Aurore; 7. Aurore; 8. Mathieu
3. le centre, le quartier, la ville, le chocolat, manger au restaurant
4 le calme, la nature, faire des promenades, faire du jogging, faire du vélo
6. 1. Aurore est végétarienne, elle ne mange pas de viande. 2. Mathieu aime la nature, mais il n'aime pas la ville.
7. Bejahung: 3; 5; Verneinung: 1; 2; 4
8. 1. Mathieu n'habite pas à Lyon.
2. Il ne fait pas la fête.
3. Aurore n'est pas sportive.
4. Elle ne mange pas les desserts au chocolat de sa maman.
9. 1D; 2F; 3A; 4E; 5B; 6G; 7H; 8C
11. 1. des cinémas, des musées et des cafés
2. la mer
3. un vin et un champagne

12. RÉPONSES DU TEST

Maximum de réponses a :
La Côte d'Azur. À Nice, Cannes ou Antibes, il y a de grands hôtels avec des vues magnifiques et des restaurants excellents. Pour bronzer, il y a de grandes plages.
Maximale Anzahl an Antworten a:
Die Côte d'Azur. In Nizza, Cannes oder Antibes gibt es große Hotels mit herrlichem Ausblick und ausgezeichneten Restaurants. Zum Sonnenbaden gibt es große Strände.

Maximum de réponses b :
Paris. Il y a de grands monuments comme la Tour Eiffel et le Louvre à visiter. Il y a aussi des quartiers sympathiques : le quartier latin, Bastille, Ménilmontant. Et il y a des cafés avec de grandes terrasses.
Maximale Anzahl an Antworten b:
Paris. Es gibt die bedeutsamen Sehenswürdigkeiten wie den Eiffelturm und den Louvre, die man besichtigen kann. Es gibt auch nette Viertel: das Quartier Latin, Bastille, Ménilmontant. Und es gibt Cafés mit großen Terrassen.

Maximum de réponses c :
La Bretagne. En Bretagne, tu peux manger de délicieuses crêpes. Il y a la mer pour faire du bateau et la nature pour faire des promenades. Tu peux faire du vélo, nager. C'est l'aventure !
Maximale Anzahl an Antworten c:
Die Bretagne. In der Bretagne kannst du leckere Crêpes essen. Es gibt das Meer zum Bootfahren und die Natur zum Wandern. Du kannst Fahrrad fahren und schwimmen. Das bietet Abenteuer!

Maximum de réponses d :
La Bourgogne. Il y a des restaurants avec de la cuisine locale. Le vin est délicieux. Il y a de petites villes, de la nature pour se promener et des rivières pour faire du bateau. C'est romantique !
Maximale Anzahl an Antworten d:
Die Region Burgund. Es gibt Restaurants mit lokaler Küche. Der Wein ist köstlich. Es gibt kleine Städte und Natur zum Wandern, Flüsse zum Bootfahren. Das ist romantisch!

Transkriptionen

TR. 13
Mein Name ist Aurore. Ich bin Französin und lebe in Lyon. Ich liebe die Stadt. Ich liebe das Zentrum. Dort gibt es Theater, Cafés und Kinos. Es ist angenehm und lebendig. Ich gehe gerne aus und esse gerne in Restaurants. In meinem Viertel gibt es ein kleines, ausgezeichnetes Restaurant. Die Nachspeisen sind köstlich, vor allem die Schokoladenmousse. Ich liebe Schokolade! Aber ich bin Vegetarierin, ich esse kein Fleisch.

TR. 14
Ich bin Mathieu. Ich wohne in einem kleinen Dorf in der Normandie. Ich mag die Ruhe. Die Normandie ist eine wunderschöne Gegend. Dort gibt es das Meer und die Natur. Ich bin sportlich. Ich liebe es, in der Natur spazieren zu gehen, zu joggen und Fahrrad zu fahren. Ich mag die Stadt nicht und hasse Stress.

TR. 15

1. Je ne mange pas de viande.
2. Je n'aime pas la nature.
3. Je suis seul.
4. Je ne visite pas la ville.
5. Je fais du vélo.

1. *Ich esse kein Fleisch.*
2. *Ich mag die Natur nicht.*
3. *Ich bin allein.*
4. *Ich besichtige die Stadt nicht.*
5. *Ich fahre Rad.*

TR. 16

1. À Paris, il y a des cinémas, des musées et des cafés.
2. Mais à Marseille, il y a la mer.
3. Dans ce restaurant, il y a un vin et un champagne délicieux.

1. *In Paris gibt es Kinos, Museen und Cafés.*
2. *Aber in Marseille gibt es das Meer.*
3. *In diesem Restaurant gibt es einen köstlichen Wein und Champagner.*

Lektionswortschatz

la ville	*Stadt*
le village	*Dorf*
le centre	*Zentrum*
le musée	*Museum*
la famille	*Famillie*
le couple	*Paar*
un(e) ami(e)	*Freund(in)*
être seul(e)	*allein sein*
la nature	*Natur*
la mer	*Meer*
la rivière	*Fluss*
le bateau	*Schiff*
manger	*essen*
dormir	*schlafen*
faire du vélo	*Rad fahren*
nager	*schwimmen*
écouter de la musique	*Musik hören*
lire	*lesen*
faire une promenade	*Spazierengehen*
se relaxer	*sich entspannen*
le théâtre	*Theater*
le café	*Café*
le cinéma	*Kino*
agréable	*angenehm*
vivant(e)	*lebendig*
sortir	*ausgehen*
le restaurant	*Restaurant*
petit(e)	*klein*
le quartier	*Viertel*
délicieux(-ieuse)	*lecker*
surtout	*vor allem*
la viande	*Fleisch*
le calme	*ruhig*
la région	*Region*
magnifique	*wunderschön*
sportif(-ive)	*sportlich*
le jogging	*Jogging*
détester	*gar nicht mögen, hassen*
le stress	*Stress*
le bon vivant	*Genießer*
le nom	*Name*
le prénom	*Vorname*
la nationalité	*Nationalität*
le mobil	hier: *Handynummer*
le camping	*Camping*
la farine	*Mehl*
la pâte	*Teig*
le lait	*Milch*
le beach-volley	*Beachvolleyball*
faire du piano	*Klavierspielen*
les courses (f)	*Einkäufe*
passer les vacances	*den Urlaub verbringen*
idéal(e)	*ideal*
prochain(e)	*nächster(-te)*
la salade	*Salat*
le tofu	*Tofu*
la cuisine locale	*lokale Küche*
le pays	*Land*
le sandwich	*Sandwich*
préférer	*lieber mögen, vorziehen*
la chambre	*Zimmer*
l'hôtel de luxe (m)	*Luxushotel*
la vue	*Ausblick*
louer	*mieten*
une nuit	*Nacht*
romantique	*romantisch*
bronzer	*sich sonnen*
visiter	*besichtigen*
l'aventure (f)	*Abenteuer*
partir	*weggehen*

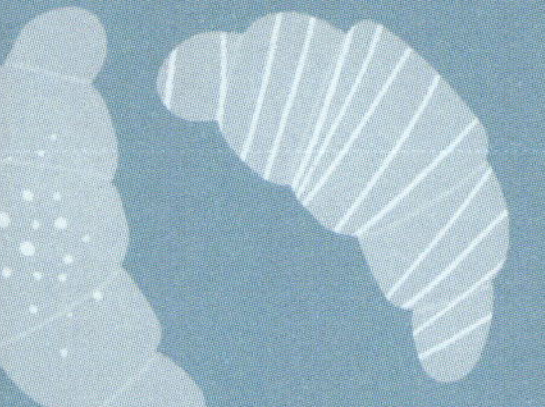

C'est dimanche !

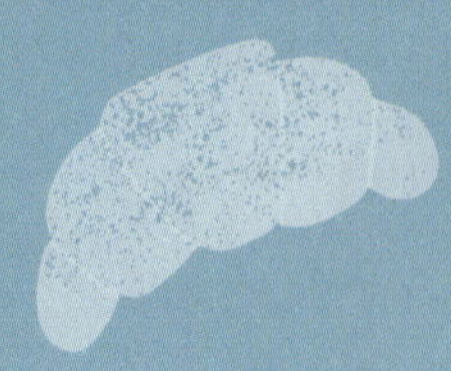

HEUTE IST SONNTAG!

sehen

Heute ist Sonntag und wir werden gemeinsam Kabeljau mit Gemüse kochen und essen. Aber davor kaufen wir auf dem Markt ein. Schau dir doch schon einmal an, was wir kaufen werden. **On y va !**

hören
Tr. 17

la boulangerie
Bäckerei

la poissonnerie
Fischgeschäft

la crèmerie
Milchgeschäft

la fromagerie
Käsegeschäft

la pâtisserie
Konditorei

le primeur
Gemüsehändler

la boucherie
Fleischerei

la charcuterie
Wurstwarengeschäft

le saucisson
Wurst

le poivron
Paprika

la baguette
Baguette

le poireau
Lauch

la tarte
Kuchen, Tarte

le croissant
Croissant

le beurre
Butter

le pot
Becher

EINE FRANZÖSISCHE TRADITION

Am Sonntag oder zu besonderen Anlässen trifft sich in Frankreich die ganze Familie zusammen mit Freunden, um gemeinsam ein großes Essen vorzubereiten. Das ist sogar Unesco-Welterbe. Suche im Internet nach **le repas gastronomique des Français.** Dort findest du ein Video über diese besondere Tradition.

Tr. 18

DIALOGUE N° ____
CRÈMERIE – FROMAGERIE

- Bonjour ! Vous désirez ?
- ◎ Bonjour, je voudrais 200g de beurre, un pot de crème fraîche, un camembert et une part de Brie.
- Voilà. Ça sera tout ?
- ◎ Oui, merci.
- Ça fait 13,40€, s'il vous plaît.
- ◎ Voilà.
- Merci. Au revoir !

DIALOGUE N° ____
BOULANGERIE

- Bonjour, deux baguettes, s'il vous plaît.
- ◎ Avec ceci ?
- Euh, quatre croissants et une tarte aux pommes pour huit personnes. Ça fait combien ?
- ◎ Voilà madame. Ça fait 18,20€.
- Voilà. Merci ! Bonne journée !

DIALOGUE N° ____
PRIMEUR

- Bonjour madame ! Vous désirez ?
- ◎ Bonjour monsieur, je voudrais 200g de poireaux.
- Voilà. Avec ça ?
- ◎ Euh, deux poivrons rouges, et un kilo d'oignons. C'est tout, merci.
- Ça fait 8,40€, s'il vous plaît.
- ◎ Voilà, merci. Bonne journée !
- Merci à vous. Au revoir !

DIALOGUE N° ____
POISSONNERIE

- Bonjour monsieur. Vous désirez ?
- ◎ Bonjour, je voudrais 600g de cabillaud, s'il vous plaît.
- Voilà, monsieur. Et avec ça ?
- ◎ C'est tout, merci.
- Ça fait 12,80€, s'il vous plaît.
- ◎ Voilà.
- Merci. Au revoir monsieur !

1 hören Tr. 18

Höre dir die Dialoge an verschiedenen Marktständen an. Nummeriere sie in der Reihenfolge, in der sie vorkommen.

LE DIMANCHE MATIN

Diejenigen, die am Sonntagmorgen zum Markt gehen, bringen für die anderen, die noch schlafen, Croissants mit!

2

sehen

Es gibt viele Stände auf dem Markt. Kannst du herausfinden, was man an welchem Stand kaufen kann?

1. la boucherie	**A** du saussisson
2. la fromagerie	**B** du camembert
3. la crèmerie	**C** des abricots
4. le primeur	**D** de la crème fraîche
5. la poissonnerie	**E** des sardines
6. la boulangerie	**F** de la viande
7. la charcuterie	**G** des croissants

3

Maintenant c'est à toi de faire les courses. *Jetzt bist du mit dem Einkaufen dran.* Schaue auf der Seite 22 nach und kaufe die notwendigen Zutaten für dein Clafoutis ein. Mehl, Salz und Zucker hast du bereits zu Hause.

Chez le primeur

A: Bonjour. Vous désirez ?

B: ______________________

A. Voilà. Avec ça ?

B: ______________________

A: Ça fait 9,30€, s'il vous plaît.

B: ______________________

A: Merci à vous. Au revoir !

À la crèmerie

A: Bonjour. Vous désirez ?

B: ______________________

A. Voilà. Avec ça ?

B: ______________________

A: Ça fait 3,40€, s'il vous plaît.

B: ______________________

A: Merci à vous. Au revoir !

4

hören

Tr. 19

Höre die folgenden Wörter an und achte ganz besonders auf das Ende. Hörst du die fettgedruckte Konsonanten am Ende oder nicht? Kreuze die Wörter an, wenn man den fettgedruckten Konsonanten hört.

T: tar**t**e ○ tou**t** ○ s'il vous plaî**t** ○ écou**t**e ○ po**t** ○ abrico**t** ○ fê**t**e ○

S: oignon**s** ○ croissant**s** ○ cho**s**e ○ bi**s**e ○ vou**s** ○ pomme**s** ○

D: d'accor**d** ○ cabillau**d** ○ regar**d**e ○ vian**d**e ○

AUSSPRACHETIPP

Im Französischen hört man die meisten Konsonanten am Ende des Wortes nicht. Es sei denn, es folgt ein Vokal.

Die Teilungsartikel

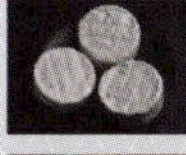

- Wenn du einen unbestimmten Camembert isst ➡ **un camembert**

- Wenn du einen bestimmten Camembert isst, der bekannt oder schon erwähnt worden ist ➡ **le camembert**
- Aber meistens willst du ja nicht den ganzen Camembert essen, sondern nur einen Teil davon, dann ➡ **du camembert**

Im letzten Fall gebraucht man den Teilungsartikel, den es im Deutschen nicht gibt: **Je mange du camembert.** *Ich esse Ø Camembert.*

Im Französisch gibt es folgende Teilungsartikel:

Je mange du camembert

Je mange de la tarte

Je mange de l'orange
(Wenn das Wort mit einem Vokal anfängt)

Je mange des oranges
(wie beim unbestimmten Artikel)

Sehen

Trouve l'article partitif correct. *Finde das Wort mit dem richtigen Teilungsartikel.* Suche auf den Vokabelseiten nach dem Geschlecht des Wortes.

Je voudrais...

1. ______________

2. ______________

3. ______________

4. ______________

5. ______________

6. ______________

7. ______________

8. ______________

9. ______________

REZEPT

Filets de cabillaud aux petits légumes

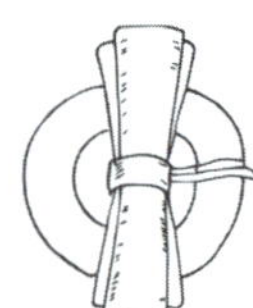

KABELJAUFILET MIT GEMÜSE

Schmecken

Jetzt lernst du ein Rezept für ein Hauptgericht kennen, mit dem du am Sonntag deinen Gästen eine Freude machen kannst.

Zutaten:

2 filets de cabillaud – **15g** de beurre – **3** cuillères à soupe de crème fraîche – **1** verre de vin blanc – **1** échalotte – **2** carottes – **1** poivron – **1** poireau – **1** pincée de sel – **1** pincée de poivre – un peu de thym

1. Das Gemüse waschen, schälen und schneiden.
2. Schalotten drei Minuten in einer Pfanne mit Butter anbraten.
3. Das Gemüse hinzufügen und regelmäßig umrühren.
4. Mit Weißwein, Salz, Pfeffer würzen und noch fünf Minuten kochen lassen.
5. Danach Crème fraîche dazugeben und zwei Minuten umrühren.
6. Den Kabeljau in eine Auflaufform geben und mit dem vorbereiteten Gemüse bedecken.
7. Thymian darüber streuen.
8. 20 Minuten im Ofen bei 170 °C backen.

Savourez !

un filet de cabillaud *Kabeljaufilet*
un verre *Glas*
le vin blanc *Weißwein*
une échalote *Schalotte*
le thym *Thymian*
un poireau *Lauch*
un poivron *Paprika*
une carotte *Karotte*

Eine Menge ausdrücken

In dem Rezept der **Salade niçoise** hatten wir zum Beispiel:
de la moutarde, du sel, de l'huile d'olive, des olives

Der Teilungsartikel steht, wenn du nicht genau weißt, wieviel du von etwas hast, also bei unbestimmten Mengen.

ABER: Wenn du die genaue Menge kennst oder bei Verpackungseinheiten, steht nur **de** oder **d'**, wenn das Wort mit einem Vokal anfängt.
➡ **200g de thon, une boite d'anchois**

6 Ergänze die Zutatenliste und überprüfe deine Antworten mithilfe des Rezepts für die **Filets de cabillaud aux petits légumes**.

sehen

1. deux filets ______________ cabillaud
2. une pincée ______________ sel
3. un verre ______________ vin blanc
4. 15 grammes ______________ beurre
5. 3 cuillères à soupe ______________ crème fraîche

7 **Maintenant c'est à toi !** *Jetzt bist du dran!* Denke an ein einfaches Rezept und liste die Zutaten mit der jeweiligen Menge auf.

* le lait *Milch*
* le sucre *Zucker*
* la farine *Mehl*
* un œuf *Ei*
* de l'huile *Öl*
* le beurre *Butter*
* le sel *Salz*
* la levure *Hefe*

hören
Tr. 20

Verbinde zunächst die Aussagen mit ihrer Bedeutung auf Deutsch. Höre dir danach und immer wieder die wichtigen Sätze zum Einkaufen an. Du wirst sie in Frankreich sicherlich brauchen.

1. Ça fait combien ?	**A** Um zu begrüßen.
2. Et deux kilos de carottes, s'il vous plaît.	**B** Um zu sagen, was du gerne hättest.
3. Bonjour.	**C** Um noch etwas zu wünschen.
4. Voilà. Merci. Au revoir.	**D** Um zu fragen, wie viel es kostet.
5. Je voudrais un kilo de tomates, s'il vous plaît.	**E** Um zu zahlen, dich zu bedanken und dich zu verabschieden.

HÖFLICHKEIT

Sind dir die Formen **Je voudrais/J'aimerais** aufgefallen? Das sind besonders höfliche Forme von **vouloir** und **aimer**. Lerne die Wendungen auswendig, dann kannst du hoflich um etwas bitten.

hören
Tr. 21

Tu sais compter jusqu'à 20?
Kannst du bis 20 zählen?
Höre dir die Zahlen an und wiederhole sie. Zähle dann, was du in deinem Kühlschrank hast! **3, 2, 1, c'est parti !**

1 2 3 4 5 6 7 8 9 10

1	un	**11**	onze
2	deux	**12**	douze
3	trois	**13**	treize
4	quatre	**14**	quatorze
5	cinq	**15**	quinze
6	six	**16**	seize
7	sept	**17**	dix-sept
8	huit	**18**	dix-huit
9	neuf	**19**	dix-neuf
10	dix	**20**	vingt

10

chmecken

Hast du alles eingekauft? Jetzt lernst du, wie in Frankreich zu genießen. Wir machen eine kleine Käseverkostung! Probiere verschiedene Käsesorten, koste sie ganz langsam, eine nach der anderen. Betrachte sie genau, rieche an ihnen und lass sie auf der Zunge zergehen, bevor du sie hinunterschluckst. Fülle dann die Tabelle aus. Viel Spaß bei der Verkostung!

Käse 1: ______________________

Käse 2: ______________________

Käse 3: ______________________

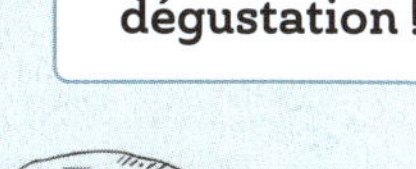

L'apparence	***Aussehen***	**1**	**2**	**3**
classique	*klassisch*	○	○	○
forme régulière	*regelmäßige Form*	○	○	○
forme irrégulière	*unregelmäßige Form*	○	○	○
couleur uniforme	*gleichmäßige Farbe*	○	○	○
couleur intense	*intensive Farbe*	○	○	○

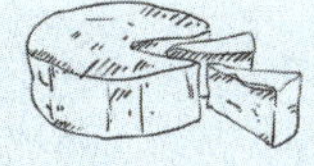

L'odeur	***Geruch***	**1**	**2**	**3**
délicate	*mild*	○	○	○
forte	*stark*	○	○	○
très forte	*sehr stark*	○	○	○
animal	*tierisch*	○	○	○
champignon	*pilzig*	○	○	○

La texture	***Textur***	**1**	**2**	**3**
ferme	*fest*	○	○	○
molle	*weich*	○	○	○
très molle	*sehr weich*	○	○	○
sèche	*trocken*	○	○	○
humide	*feucht*	○	○	○

Le goût	***Geschmack***	**1**	**2**	**3**
salé	*salzig*	○	○	○
sucré	*süß*	○	○	○
acide	*sauer*	○	○	○
amer	*bitter*	○	○	○
piquant	*scharf*	○	○	○

Lösungen

1. 1. primeur; 2. poissonnerie; 3. crèmerie-fromagerie; 4. boulangerie
2. 1F; 2B; 3D; 4C; 5E; 6G; 7A
3. Mögliche Lösung:
Chez le primeur
B : Bonjour, je voudrais 600g de cerises.
B : C'est tout, merci.
B : Voilà. Merci. Bonne journée !
À la crèmerie
B : Bonjour, je voudrais 60g de beurre.
B : Euh... 1 litre de lait, s'il vous plaît. C'est tout.
B : Voilà. Merci. Au revoir !
4. T : tarte, écoute, fête
S : chose, bise
D : regarde, viande
5. 1. de l'oignon; 2. de l'échalote; 3. de la baguette; 4. des croissants; 5. de la crème fraîche; 6. du vin rouge; 7. des sardines; 8. du beurre; 9. de la tarte
6. 1. deux filets **de** cabillaud; 2. une pincée **de** sel; 3. un verre **de** vin blanc; 4. 15 grammes **de** beurre; 5. 3 cuillères à soupe **de** crème fraîche
8. 1D; 2C; 3A; 4E; 5B

Transkriptionen

TR.18
Dialog 1: Obst- und Gemüseladen
- *Guten Tag! Was möchten Sie?*
- *Guten Tag! Ich möchte 200 g Lauch.*
- *Bitte sehr. Darf es noch etwas sein?*
- *Äh, zwei rote Paprika und ein Kilo Zwiebeln. Das ist alles, danke.*
- *Das macht 8,40€, bitte.*
- *Hier, danke. Ich wünsche Ihnen einen schönen Tag!*
- *Ihnen auch, vielen Dank. Auf Wiedersehen!*

Dialog 2: Fischladen
- *Guten Tag. Was möchten Sie?*
- *Guten Tag, ich hätte gerne 600 g Kabeljau, bitte.*
- *Bitte sehr. Darf es sonst noch etwas sein?*
- *Das ist alles, danke.*
- *Das macht 12,80€, bitte.*
- *Bitte sehr.*
- *Danke. Auf Wiedersehen!*

Dialog 3: Milch- und Käsegeschäft
- *Guten Tag! Was möchten Sie?*
- *Guten Tag, ich hätte gerne 200 g Butter, einen Becher Crème fraîche, einen Camembert und ein Stück Brie.*
- *Bitte sehr. Ist das alles?*
- *Ja, danke.*
- *Das macht 13,40€, bitte.*
- *Bitte sehr.*
- *Danke. Auf Wiedersehen!*

Dialog 4: Bäckerei
- *Guten Tag, zwei Baguettes, bitte.*
- *Sonst noch etwas?*
- *Äh, vier Croissants und einen Apfelkuchen für acht Personen. Wie viel macht das?*
- *Bitte schön. Das macht 18,20€.*
- *Bitte sehr. Danke! Einen schönen Tag noch!*

TR. 19
T: Kuchen, alles, bitte, hör zu, Topf, Aprikose, Fest
S: Zwiebeln, Croissants, Sache, Küsschen, Sie/ihr, Äpfel
D: Einverstanden, Kabeljau, schau, Fleisch

TR. 20
1. Wie viel macht das?
2. Zwei Kilo Karotten, bitte.
3. Guten Tag.
4. Bitte sehr. Danke. Auf Wiedersehen.
5. Ich hätte gerne ein Kilo Tomaten, bitte.

Lektionswortschatz

dimanche	*Sonntag*
la boulangerie	*Bäckerei*
la poissonnerie	*Fischgeschäft*
la crèmerie	*Milchgeschäft*
la fromagerie	*Käsegeschäft*
la pâtisserie	*Konditorei*
le primeur	*Obst- und Gemüsehändler*
la boucherie	*Fleischerei*
la charcuterie	*Wurstwarengeschäft*
le saucisson	*Wurst*
le poivron	*Paprika*
la baguette	*Baguette*
le poireau	*Lauch*
la tarte	*Kuchen*
le croissant	*Croissant*
le beurre	*Butter*
le pot	*Becher*
désirer	*wünschen*
vouloir	*wollen*
je voudrais	*ich möchte*
la crème fraîche	*Crème fraîche*
le camembert	*Camembert*
la part de Brie	*Stück Brie (Käsesorte)*
ça fait	*das macht*
avec	*mit*
ça	*das*
Avec ça ?	*Sonst noch etwas?*
voilà	*hier, bitte sehr*
rouge	*rot*
C'est tout/ça sera tout.	*Das ist alles.*
Bonne journée !	*Einen schönen Tag!*
ceci	*dieses, dies*
la pomme	*Apfel*
combien	*wie viel*
la personne	*Person*
le saucisson	*Wurst*
l'abricot (m)	*Aprikose*
faire les courses	*einkaufen*
l'échalote (f)	*Schalotte*
écouter	*zuhören*
la chose	*Ding, Sache*
regarder	*anschauen, ansehen*
le gramme	*Gramm*
la moutarde	*Senf*
le thon	*Thunfisch*
le sucre	*Zucker*
l'huile (f)	*Öl*
la levure	*Hefe*
le lait	*Milch*
la farine	*Mehl*
l'œuf (m)	*Ei*
le sel	*Salz*
le kilo	*Kilo*
la tomate	*Tomate*
la carotte	*Karotte*
C'est parti !	*Es geht los!*
la dégustation	*Verkostung*
le réfrigérateur	*Kühlschrank*
un	*eins*
deux	*zwei*
trois	*drei*
quatre	*vier*
cinq	*fünf*
six	*sechs*
sept	*sieben*
huit	*acht*
neuf	*neun*
dix	*zehn*
onze	*elf*
douze	*zwölf*
treize	*dreizehn*
quatorze	*vierzehn*
quinze	*fünfzehn*
seize	*sechzehn*
dix-sept	*siebzehn*
dix-huit	*achtzehn*
dix-neuf	*neunzehn*
vingt	*zwanzig*

Portraits de famille

FAMILIENPORTRÄTS

sehen

Wie gut es manchmal tut, sich alte Familienfotos anzuschauen! Rechts siehst du ein Familienfoto von einem 75. Geburtstag. Wie bei jeder Feier in Frankreich wurde reichlich gegessen und getrunken. Und das stundenlang! Genießen braucht Zeit. Ach, wie schön Erinnerungen sind!

hören
Tr. 22

la mère
Mutter

le père
Vater

la grand-mère
Großmutter

le grand-père
Großvater

le fils
Sohn

la fille
Tochter

les enfants (m)
Kinder

les parents (m)
Eltern

le frère
Bruder

la sœur
Schwester

le petit-fils
Enkel

la petite fille
Enkelin

debout
stehend

assis
sitzend

le neveu
Neffe

la nièce
Nichte

les grands-parents
Großeltern

rire
lachen

le couple sans enfant
Paar ohne Kinder

une famille monoparentale
Alleinerziehende(r)

Tr. 23

- Regarde la photo. Tout le monde est là !
- ◎ Ce sont tes parents devant ?
- Oui, ce sont mes parents Hélène et Régis. Ils ont tous les deux 75 ans.
- ◎ Est-ce que c'est ton fils assis sur les genoux de ta sœur ?
- Oui, c'est Arthur, il a 2 ans.
- ◎ Ils ont d'autres petits-enfants ?
- Oui, deux : Manon et Lilou. Elles ont 12 et 8 ans. Lilou est debout derrière.
- ◎ Et assis devant à droite, est-ce que ce sont leurs parents ?
- Non, c'est mon frère Antoine et sa femme Alice. Il a 50 ans et Alice a 43 ans. Ils n'ont pas d'enfants.
- ◎ Alors tout à droite, c'est le père des trois cousines ?
- Oui, c'est Gilles, le mari de ma sœur. Il a 37 ans. Et leur mère, c'est ma sœur Julie. Elle a 42 ans.
- ◎ Et toi ? Tu n'es pas sur la photo ?
- Non. Moi, je fais la photo ! Dommage !

1 Vervollständige anhand des Dialogs folgende Familien.

hören

Tr. 23

1. **famille classique :** les parents : Julie et Gilles

la fille :

la fille :

2. **famille classique :** les parents : ____________ et ____________

la fille :

moi :

le fils :

3. **famille monoparentale :** Moi

le fils :

4. **couple sans enfant** : ____________ et ____________

2 **Vrai ou faux ?** Sind diese Aussage richtig oder falsch?

	vrai	faux
1. Hélène est la grand-mère d'Alice.	○	○
2. Régis est le grand-père de Lilou.	○	○
3. Arthur est le neveu de Julie.	○	○
4. Gilles est le frère d'Antoine.	○	○
5. Manon est la cousine de Lilou.	○	○
6. Alice est la mère d'Arthur.	○	○

3 Höre und wiederhole die Zahlen, die du hörst.

hören
Tr. 24

20 vingt	**30** trente	-et-un	**70** soixante-dix
21 vingt-et-un	**40** quarante	-deux	**71** soixante-et-onze
22 vingt-deux	**50** cinquante	-trois	**72** soixante-douze, -treize, etc.
23 vingt-trois	**60** soixante	-quatre	**80** quatre-vingts
24 vingt-quatre		-cinq	**81** quatre-vingt-un
25 vingt-cinq		-six	**82** quatre-vingt-deux, -trois, etc.
26 vingt-six		-sept	**90** quatre-vingt-dix
27 vingt-sept		-huit	**91** quatre-vingt-onze, -douze, treize, etc.
28 vingt-huit		-neuf	**100** cent
29 vingt-neuf			

4 Welche Aussage passt zu welchem Bild? Schreibe den Vornamen der Person auf.

hören
Tr. 25

1. ______________

2. ______________

3. ______________

4. ______________

AVOIR – HABEN

j'ai	**nous avons**
tu as	**vous avez**
il/elle a	**ils/elles ont**

DAS ALTER ANGEBEN

Im **Deutschen ist** man x Jahre alt.

Im **Französischen** besitzt man seine Jahre! Man **„hat"** x Jahre.
J'ai quatorze ans.

Possessivbegleiter

Um anzugeben, wem etwas gehört, setzt man vor die Person oder die Sache einen Possessivbegleiter. Im Französischen richtet sich der Possessivbegleiter in Geschlecht und Anzahl nach dem Nomen, vor dem er steht, egal ob der Besitzer männlich oder weiblich ist: Elle aime **son** père et il aime **sa** mère.

ein Besitzer	je	➡	**mon**	**ma**	**mes**
	tu	➡	**ton**	**ta**	**tes**
	il/elle	➡	**son**	**sa**	**ses**
mehrere Besitzer	nous	➡	**notre**	**notre**	**nos**
	vous	➡	**votre**	**votre**	**vos**
	ils/elles	➡	**leur**	**leur**	**leurs**

Wenn die Person oder der Gegenstand weiblich ist, aber mit einem Vokal oder einem „h" anfängt, nimmt man die männliche Form des Possessivbegleiters:
une orange ➡ mon orange

5 Fülle die Lücke mit dem passenden Possessivbegleiter.

1. Hélène est la femme de Régis. C'est ______ femme.
2. Arthur est le neveu de Gilles. C'est ______ neveu.
3. Arthur est le cousin de Lilou et Manon. C'est ______ cousin.
4. Julie et Gilles sont les parents de Manon et Lilou. Ce sont ______ parents.
5. Hélène et Régis sont les grands-parents de Manon.

   Ce sont ______ grands-parents.

6 **C'est à toi !** *Jetzt bist du dran.* Beschreibe deine Familie. Gib dabei den jeweiligen Vornamen und das Alter an und wähle dazu den richtigen Possessivbegleiter **(mon/ma/mes)**. Schreibe die Zahlen aus.

1. ______ mère s'appelle ______________ . Elle a ______________ ans.
2. ______ grands-parents s'appellent ______________ et ______________ .

   Ils ont ______________ et ______________ ans.
3. ______ cousin s'appelle ______________ . Il a ______________ ans.

REZEPT

Les galettes de blé noir

SALZIGE CRÊPES AUS BUCHWEIZENMEHL

Schmecken

Da wir hier über Familie sprechen, bekommst du jetzt ein Familienrezept anvertraut. Es kommt ursprünglich aus der Bretagne: Heute gibt es **Galettes de blé noir**. Das sind salzige Crêpes aus Buchweizenmehl. Du kannst sie mit allem Möglichen garnieren: Schinken, Champignons, Käse, Eier, Ratatouille, etc. Mit allem, was dir schmeckt. **Régale-toi. C'est délicieux !** *Lass es dir schmecken. Es ist sehr lecker!*

Zutaten:
350g de farine de blé noir – **1** pincée de gros sel – **90cl** d'eau – **1** œuf – un peu de beurre

1. Mehl und Salz in einer Schüssel mischen.
2. Das Wasser hinzufügen und gleichmäßig verrühren.
3. Das Ei dazugeben und gut verrühren.
4. Mindestens vier Stunden im Kühlschrank ruhen lassen.
5. Vier Stunden später: Die Pfanne gut erhitzen und Butter hineingeben.
6. Eine Schöpfkelle Teig in die Pfanne geben. Den Teig gleichmäßig verteilen.
7. Ungefähr eine Minute backen und auf die andere Seite wenden.
8. Nach Belieben mit Schinken, Käse, Pilzen und Ei bestreuen.

---

la farine de blé noir *Buchweizenmehl*
l'eau *Wasser*

Fragen

Im Französischen gibt es drei Möglichkeiten, Fragen zu stellen.

Intonationsfragen:
Die im Mündlichen gebrauchte Frage ist wie eine einfache Aussage, nur dass du am Ende mit der Betonung nach oben gehst.

Elle mange de la viande.

↓

Elle mange de la viande ?

Fragen mit est-ce que:
Diese Frage ist im Gebrauch neutral. Setze einfach **est-ce que** vor den Aussagesatz.

Elle aime le café.

↓

Est-ce qu'elle aime le café ?

est-ce que wird vor einem Vokal zu **est-ce qu'**.

Inversionsfragen:
Ähnlich wie im Deutschen werden Verb und Subjekt getauscht (mit Bindestrich). Es klingt aber sehr formell und wird daher viel seltener verwendet.

Il est sympa.

Est-il sympa ?

7 Höre folgende Sätze und entscheide, ob es Aussagesätze oder Fragen sind.

hören
Tr. 26

	Aussagesatz	Frage		Aussagesatz	Frage
1.	○	○	**4.**	○	○
2.	○	○	**5.**	○	○
3.	○	○	**6.**	○	○

8 Welchen Eindruck machen diese Gesichter? Schreibe bei 1 bis 5 die passenden Ausdrücke dazu. Male und beschrifte dann die restlichen Gesichtsausdrücke selbst.

fühlen

- **triste** *traurig*
- **gai/gaie** *fröhlich*
- **sérieux/sérieuse** *ernst*
- **sage** *brav*
- **génial** *genial*
- **beau/belle** *schön*
- **intelligent(e)** *intelligent*
- **gentil/gentille** *nett*
- **drôle** *lustig*
- **fatigué(e)** *müde*
- **grincheux/-euse** *mürrisch*
- **timide** *schüchtern*

9 Höre die Bilderbeschreibungen an. Verbinde jeden Text mit dem richtigen Bild.

hören
Tr. 27

1

2

3

4

5

6

___ **A** Là, c'est maman. Elle a l'air un peu triste sur cette photo, mais en général, elle est plutôt gaie. Elle aime beaucoup rire.

___ **B** Sur cette photo, ce sont les cousines. Elles ont toujours l'air très sages !

___ **C** Ici, c'est ma sœur. Elle est très sérieuse. Elle travaille trop. Elle est chef d'entreprise.

___ **D** Ici, c'est Arthur. Il est intelligent, drôle, sympa, beau et danse beaucoup. Normal, c'est mon fils !

___ **E** Là, c'est le grand-père. Il est très grincheux et il s'énerve souvent. C'est un peu fatigant.

___ **F** Là, c'est Manon, une adolescente un peu timide mais très gentille. Elle a toujours l'air fatiguée.

AVOIR L'AIR – AUSSEHEN 

Elle a l'air fatiguée.
Sie sieht müde aus.

MODULIEREN

Du kannst deine Aussagen mit kleinen Wörtern verstärken oder abschwächen.

Elle est **très** drôle.
Vous travaillez **trop**.

un peu	*ein wenig*
plutôt	*eher*
beaucoup	*viel*
très	*sehr*
trop	*zu viel/zu sehr*

10 Wie fühlst du dich heute ? Vergiss nicht, das Adjektiv anzugleichen!

fühlen

Aujourd'hui, je suis plutôt

______________________________ ,

un peu ______________________________

et très ______________________________ !

KLEINER LERNTIPP 

Achte beim Lernen auf deine Gefühle. Wie fühlst du dich gerade? In welcher Verfassung bist du? Versuche das Lernen mit Spaß und Vergnügen zu verbinden. Schaffe um dich eine angenehme Atmosphäre. Düfte, Farben, frische Luft, Blumen, Ordnung, alles, was dir gut tut, kann dazu beitragen.

11 fühlen

Auf dieser Seite kannst du ein französisches Gefühlsfotoalbum beginnen. Hier ein paar Tipps, um ein stimmungsvolles Album zu gestalten.

- Klebe im Hintergrund einen schönen Stoff oder Geschenkpapier auf.
- Überlappe deine Fotos, um mehr Dynamik hineinzubringen.
- Schmücke die Seite mit kleine Erinnerungen (Eintrittskarten, Metrotickets, etc.), die mit den Fotos verbunden sind.
- Verwende kleine Aufkleber, die du mit Namen und Daten beschriftest. Schreibe dann deine Gefühle oder die deiner Liebsten dazu.

LERNTIPP

Gegenstände mit Aufklebern zu versehen und mit dem passenden französischen Wort zu beschriften, ist ein guter Weg, um Vokabeln zu lernen.

Lösungen

1. 1. la fille : Manon; la fille : Lilou; 2. les parents : Régis, Hélène; la fille : Julie, moi; le fils : Antoine; 3. le fils : Arthur; 4. couple sans enfant : Antoine et Alice.
2. 1. faux; 2. vrai; 3. vrai; 4. faux; 5. faux; 6. faux
4. 1. phrase 1, nom : Régis; 2. phrase 3, nom : Manon; 3. phrase 4, nom : Julie; 4. phrase 2, nom : Lilou
5. 1. sa; 2. son; 3. leur; 4. leurs; 5. ses
6. 1. ma; 2. mes; 3. mon
7. 1. Frage; 2. Aussagesatz; 3. Frage; 4. Frage; 5. Aussagesatz; 6. Frage
8. 1. gai; 2. sérieux; 3. triste; 4. timide; 5. grincheux
9. 1C; 2F; 3D; 4B; 5A; 6E

Transkriptionen

TR. 23

- *Schau dir das Foto an. Alle sind da!*
- *Sind das deine Eltern da vorne?*
- *Ja, das sind meine Eltern Hélène und Régis. Sie sind beide 75 Jahre alt.*
- *Ist das dein Sohn, der auf dem Schoß deiner Schwester sitzt?*
- *Ja, das ist Arthur, er ist zwei Jahre alt.*
- *Haben sie noch andere Enkelkinder?*
- *Ja, zwei: Manon und Lilou. Sie sind 12 und 8 Jahre alt. Lilou steht hinten.*
- *Und ihre Eltern sitzen vorne rechts?*
- *Nein, das ist mein Bruder Antoine und seine Frau Alice. Er ist 50 Jahre alt und Alice ist 43 Jahre alt. Sie haben keine Kinder.*
- *Dann ist das ganz rechts der Vater der drei Cousinen?*
- *Ja, das ist Gilles, der Ehemann meiner Schwester. Er ist 37 Jahre alt. Und ihre Mutter ist meine Schwester Julie. Sie ist 42 Jahre alt.*
- *Und du? Bist du nicht auf dem Foto?*
- *Nein, ich mache das Foto! Schade!*

TR. 25

1. Ici, c'est Régis, il a 75 ans.	1. *Hier ist Regis, er ist 75 Jahre alt.*
2. Là, c'est Lilou. Elle a 8 ans.	2. *Hier ist Lilou. Sie ist acht Jahre alt.*
3. Sur cette photo, c'est Manon. Elle a 12 ans.	3. *Auf diesem Foto sieht man Manon. Sie ist zwölf Jahre alt.*
4. Et là, c'est Julie. Elle a 42 ans.	4. *Und das hier ist Julie. Sie ist 42 Jahre alt*

TR. 26

1. Vous mangez debout ?	1. *Essen Sie im Stehen?*
2. Vous aimez la viande.	2. *Sie essen gerne Fleisch.*
3. Il a 54 ans ?	3. *Ist er 54 Jahre alt?*
4. Est-ce qu'elle est assise à gauche ?	4. *Sitzt sie auf der linken Seite?*
5. Elle adore manger du chocolat.	5. *Sie isst gerne Schokolade.*
6. Est-ce que tu aimes le cinéma ?	6. *Magst du das Kino?*

TR. 27

1. Das da ist Mama. Auf diesem Bild wirkt sie etwas traurig, aber im Allgemeinen ist sie ziemlich fröhlich. Sie lacht sehr gern.
2. Auf diesem Bild sind die Cousinen. Sie wirken immer sehr brav!
3. Das hier ist meine Schwester. Sie ist sehr ernst. Sie arbeitet zu viel. Sie ist Unternehmensleiterin.
4. Das hier ist Arthur. Er ist intelligent, lustig, nett, schön und tanzt viel. Klar – er ist mein Sohn!
5. Dort ist der Großvater. Er ist sehr mürrisch und oft genervt. Das ist ein bisschen anstrengend.
6. Das dort ist Manon, eine etwas schüchterne, aber sehr nette Jugendliche. Sie sieht immer müde aus.

Lektionswortschatz

la mère	*Mutter*
le père	*Vater*
la grand-mère	*Großmutter*
le grand-père	*Großvater*
le fils	*Sohn*
la fille	*Tochter*
les enfants (m)	*Kinder*
les parents (m)	*Eltern*
le frère	*Bruder*
la sœur	*Schwester*
le petit-fils	*Enkel*
la petite-fille	*Enkelin*
debout	*stehend*
assis(e)	*sitzend*
le neveu	*Neffe*
la nièce	*Nichte*
les grands-parents (m)	*Großeltern*
rire	*lachen*
le couple sans enfant	*Paar ohne Kinder*
la famille monoparentale	*Alleinerziehende(r)*
la photo	*Foto*
tout le monde	*alle*
là	*da*
l'an (m)	*Jahr*
avoir	*haben*
sur	*auf (räumlich)*
le genou	*Knie*
d'autres	*andere*
les petits-enfants	*Enkelkinder*
derrière	*hinten*
devant	*davor*
à droite	*rechts*
le mari	*Ehemann*
la femme	*Ehefrau*
tout à droite	*ganz rechts*
à gauche	*links*
sans	*ohne*
la cousine	*Cousine*
le cousin	*Cousin*
l'oncle	*Onkel*
la tante	*Tante*
triste	*traurig*
gai(e)	*fröhlich*
sérieux(-ieuse)	*ernst*
sage	*brav*
génial(e)	*genial*
beau/belle	*schön*
intelligent(e)	*intelligent*
gentil(-ille)	*nett*
drôle	*lustig*
fatigué(e)	*müde*
grincheux(-se)	*mürrisch*
fatigant(e)	*anstrengend*
timide	*schüchtern*
avoir l'air	*aussehen*
en général	*im Allgemeinen*
plutôt	*eher*
toujours	*immer*
travailler	*arbeiten*
le/la chef d'entreprise	*Unternehmensleiter/in*
s'énerver	*sich ärgern*
l'adolescent(e)	*Jugendliche(r)*
beaucoup	*viel*
très	*sehr*

Bon voyage

GUTE REISE

sehen

Schließe die Augen und stelle dir das ewig blaue Mittelmeer vor. In der Ferne, ein Punkt, eine Insel: Korsika – das Ziel unserer Reise! Felsen, die ins Meer hineinragen, strahlender Sonnenschein, intensive Farben, ein betörender Duft nach Blumen, der Geschmack der lokalen Küche, singende Akzente. Du bist da. **Bienvenue en Corse !** *Willkommen in Korsika.*

hören
Tr. 28

le bateau
Schiff

l'avion (m)
Flugzeug

la randonnée
Wanderung

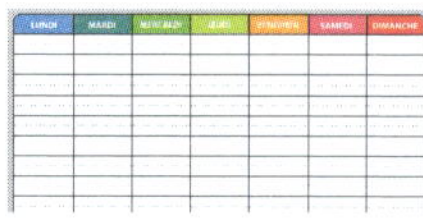

la semaine
Woche

la fête
Feier

la montagne
Berge

la femme
(Ehe-)Frau

romantique
romantisch

le défilé
Parade

le bal
Ball

le feu d'artifice
Feuerwerk

l'île (f)
Insel

la beauté
Schönheit

l'agence (f)
Agentur

voyager
reisen

le voyage
Reise

écouter
zuhören

regarder
anschauen

sentir
riechen/fühlen

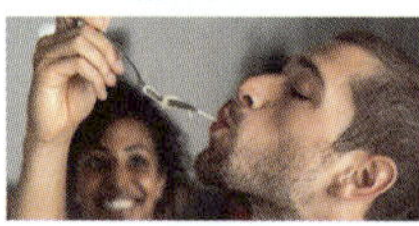

déguster
verkosten

Tr. 29

- • Allo.
- ◎ Agence de voyage *Tour de France*, bonjour. Je peux vous aider ?
- • Oui, je veux partir en vacances.
- ◎ Parfait. Vous voulez partir où ?
- • Nous sommes très proches de la nature. À la montagne et... à la mer.
- ◎ En même temps ?
- • Oui, c'est ça.
- ◎ Vous voulez partir quand ? Et combien de temps ?
- • Une semaine en juillet ou en août.
- ◎ Du 7 au 14 juillet, ça vous va ?
- • Non ! Le 14 juillet, c'est la fête nationale. Je ne veux pas voyager ce jour-là. Je fais la fête!
- ◎ D'accord, alors du 8 au 15 juillet, c'est bien ?
- • Parfait !
- ◎ Vous partez avec qui ?
- • Avec ma femme.
- ◎ Très bien. Et qu'est-ce que vous voulez faire ?
- • Du sport. Nous sommes très sportifs.
- ◎ Je vous propose une semaine de randonnée en Corse !
- • Formidable ! Quelle bonne idée !
- ◎ Et vous voulez y aller comment ? En avion ou en bateau ?
- • En bateau bien sûr. C'est plus romantique.
- ◎ D'accord, je vous fais une offre par mail.

1 Suche die Wörter aus dem Kasten im Wortgitter.

E	A	N	O	D	R	W	Q	K	O	S	A	N	O	S	B
I	M	F	E	M	M	E	L	M	L	E	V	E	N	E	A
R	A	D	O	J	P	N	K	E	T	M	I	B	J	M	T
A	F	S	P	R	A	K	E	R	M	A	O	E	N	A	E
O	W	V	R	G	H	C	B	S	F	W	N	L	T	I	A
U	A	R	A	N	D	O	N	N	E	E	E	R	E	N	U
T	S	C	I	H	X	R	Y	C	U	L	R	F	Q	E	I
G	S	V	M	Y	E	S	J	U	I	L	L	E	T	A	O
S	E	K	E	I	W	E	U	A	E	Y	A	R	U	K	F
M	O	N	T	A	G	N	E	R	X	Z	D	K	V	E	W

- * Corse
- * randonnée
- * montagne
- * femme
- * semaine
- * juillet
- * août
- * bateau
- * avion
- * mer

2

Höre den Dialog erneut an und verbinde die Fragen mit der passenden Antwort.

hören
Tr. 29

1. Le client va où ?
2. Le client veut partir quand ?
3. Avec qui il veut partir en Corse ?
4. Combien de temps il veut partir ?
5. Qu'est-ce qu'il veut faire en Corse ?
6. Comment il va en Corse ?

___ **A** En bateau.
___ **B** En Corse.
___ **C** Du 8 au 15 juillet.
___ **D** De la randonnée.
___ **E** Avec sa femme.
___ **F** Une semaine.

3

sehen

Voici une publicité pour la Corse. *Schau dir diese Werbung für Korsika an.* Verbinde die Bilder mit den passenden Kommentaren. Ein Bild passt zu mehreren Aussagen.

Vive la Corse, l'île de beauté !

___ **B** Écoutez chanter l'accent corse !

___ **C** Regardez les couleurs de la mer et du ciel !

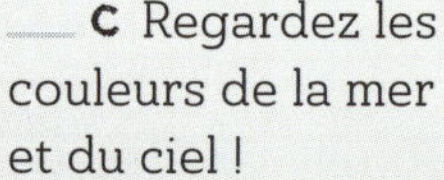

___ **A** Sentez les parfums délicats de la nature !

___ **D** Dégustez les délicieux fromages et saussissons !

DAS VERB ALLER – GEHEN

je vais	**nous allons**
tu vas	**vous allez**
il/elle/on va	**ils/elles vont**

Aller ist das einzige unregelmäßige Verb auf -er. Es bedeutet *gehen* und ist sehr nützlich, denn Franzosen „gehen" auch mit dem Auto, dem Zug, dem Flugzeug: **aller en voiture/en train/en avion**

DAS VERB VOULOIR – WOLLEN

je veux	**nous voulons**
tu veux	**vous voulez**
il/elle/on veut	**ils/elles veulent**

Vouloir heißt *wollen* und kann in Kombination mit einem Verb im Infinitiv benützt werden: **je veux partir** – *ich will weggehen*

4

Bringe folgende Schüttelsätze in die richtige Reihenfolge.

1. allons ⁎ famille ⁎ Corse ⁎ avec ⁎ en ⁎ Nous ⁎ notre

____

2. Elle ⁎ de la ⁎ Corse ⁎ faire ⁎ avec ⁎ veut ⁎ nous ⁎ randonnée ⁎ en

____

Fragen mit Fragewörtern

In der mündlichen alltäglichen Sprache kannst du einfach das Fragewort dem Aussagesatz voranstellen oder nachstellen:

où *(wo)*	**Où tu vas ?**	**Tu vas où ?**
comment *(wie)*	**Comment tu vas ?**	**Tu vas comment ?**
combien *(wie viel)* **combien de temps** *(wie lange)*	**Combien ça coûte ?** **Combien de temps elle veut partir ?**	**Ça coûte combien ?** **Elle veut partir combien de temps ?**
qui *(wer)* **avec qui** *(mit wem)*	**Qui c'est ?** **Avec qui il danse ?**	**C'est qui ?** **Il danse avec qui ?**
qu'est-ce que *(was)* Bei der Nachstellung verwandelt sich das Wort in **quoi**.	**Qu'est-ce que tu veux ?**	**Tu veux quoi ?**
quand *(wann)* ist nur am Ende üblich.		**Tu manges quand ?**

Du kannst auch **est-ce que** verwenden, und zwar nach dem Fragewort am Satzanfang.

Où est-ce que tu vas ?
Comment est-ce que tu vas ?
Combien est-ce que ça coûte ?
Combien de temps est-ce qu'il veut partir ?
Avec qui est-ce qu'il danse ?
Quand est-ce que tu manges ?

5 Kreuze zu jeder Antwort die richtige Frage an.
Es können auch mehrere richtig sein.

1. Je veux aller en Corse.
- ○ **A** Où est-ce que tu veux aller ?
- ○ **B** Comment tu vas en Corse ?
- ○ **C** Tu veux aller où ?

2. Je mange du pain.
- ○ **A** Qu'est-ce que tu manges ?
- ○ **B** Est-ce que tu manges ?
- ○ **C** Tu manges quoi ?

3. Elle va au Canada en avion.
- ○ **A** Combien d'avions elle voit ?
- ○ **B** Où elle va en avion ?
- ○ **C** Comment est-ce qu'elle va au Canada ?

4. Ça coûte 15 euros.
- ○ **A** Comment ça coûte ?
- ○ **B** Combien est-ce que ça coûte ?
- ○ **C** Ça coûte combien ?

REZEPT

Uga siccata : le pain des morts

UGA SICCATA: DAS BROT DER TOTEN

SCHMECKEN

Um mit Körper, Geist und Seele nach Korsika zu reisen, backen wir ein altes, traditionelles Rezept. Dieses süße Brot wurde früher zu Allerheiligen (**la Toussaint**) gebacken. Man glaubte, die Toten würden an diesem Tag zurückkommen und ließ daher die Tür offen und das Brot auf dem Tisch stehen. Da sie nicht kamen oder zumindest nichts von dem Brot aßen, haben es die Lebenden am nächsten Tag gegessen. Und es schmeckte! **Goûte, c'est excellent !**

Zutaten:

300g de farine - **1** paquet de levure - **50g** de sucre - **60g** de beurre - **10cl** de lait - **2** œufs - **1** pincée de sel - **60g** de raisins secs - **60g** de noix - les zestes d'un citron

1. In einer Schüssel, Mehl, Backpulver, Zucker, Milch und Zitronenschalen vermischen.
2. Den Teig zehn Minuten kneten, bis er elastisch wird.
3. Rosinen und gehackte Walnüsse dazugeben.
4. Eine Stunde ruhen lassen.
5. Den Ofen zehn Minuten auf 180 °C vorheizen.
6. Eine abgeflachte Kugel formen und mit Eigelb bestreichen.
7. 40 Minuten im Ofen backen.
8. Abkühlen lassen. **Déguster** !

la levure *Backpulver*
les raisins secs *Rosinen*
les noix *Walnüsse*
les zestes de citron *Zitronenschalen*

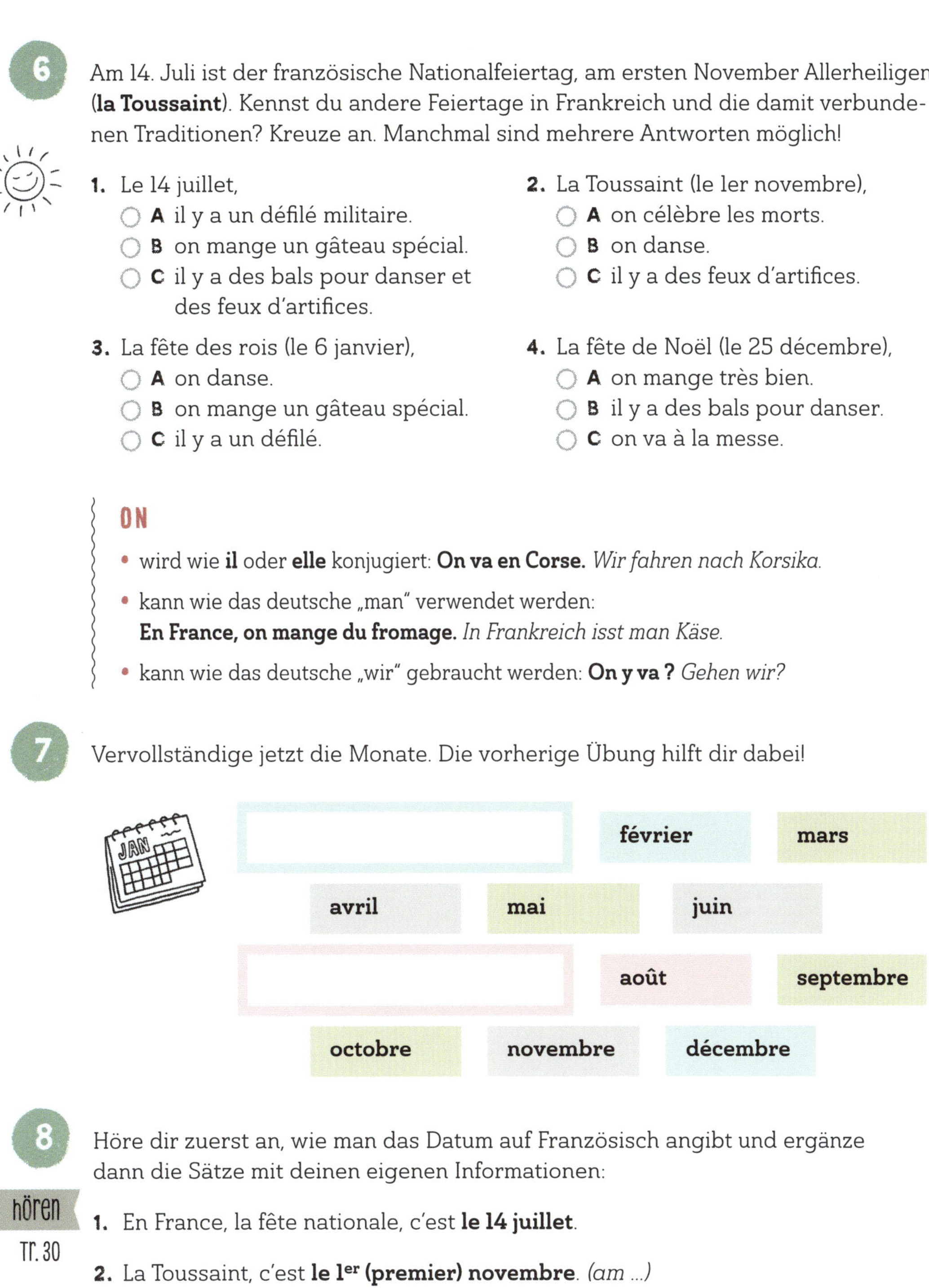

6 Am 14. Juli ist der französische Nationalfeiertag, am ersten November Allerheiligen (**la Toussaint**). Kennst du andere Feiertage in Frankreich und die damit verbundenen Traditionen? Kreuze an. Manchmal sind mehrere Antworten möglich!

1. Le 14 juillet,
- ○ **A** il y a un défilé militaire.
- ○ **B** on mange un gâteau spécial.
- ○ **C** il y a des bals pour danser et des feux d'artifices.

2. La Toussaint (le 1er novembre),
- ○ **A** on célèbre les morts.
- ○ **B** on danse.
- ○ **C** il y a des feux d'artifices.

3. La fête des rois (le 6 janvier),
- ○ **A** on danse.
- ○ **B** on mange un gâteau spécial.
- ○ **C** il y a un défilé.

4. La fête de Noël (le 25 décembre),
- ○ **A** on mange très bien.
- ○ **B** il y a des bals pour danser.
- ○ **C** on va à la messe.

ON

- wird wie **il** oder **elle** konjugiert: **On va en Corse.** *Wir fahren nach Korsika.*
- kann wie das deutsche „man" verwendet werden:
  En France, on mange du fromage. *In Frankreich isst man Käse.*
- kann wie das deutsche „wir" gebraucht werden: **On y va ?** *Gehen wir?*

7 Vervollständige jetzt die Monate. Die vorherige Übung hilft dir dabei!

	février	**mars**
avril	**mai**	**juin**
	août	**septembre**
octobre	**novembre**	**décembre**

8 Höre dir zuerst an, wie man das Datum auf Französisch angibt und ergänze dann die Sätze mit deinen eigenen Informationen:

hören Tr. 30

1. En France, la fête nationale, c'est **le 14 juillet**.

2. La Toussaint, c'est **le 1er (premier) novembre**. *(am ...)*

3. Il va en Corse **du 8 au 15 juillet**. *(von ... bis ...)*

4. Je vais en vacances du ____________ au ____________ .

5. Dans mon pays, la fête nationale est le ____________ et on ____________ .

9

Jetzt ist Training angesagt! Suche nach der passenden Frage, wenn du gerne wissen willst, ...

hören
Tr. 31

1. ... wo das Theater ist.
2. ... wie viel etwas kostet.
3. ... wie man zum Theater kommt.
4. ... mit wem jemand zum Theater geht.
5. ... was jemand will.
6. ... wie es jemandem geht.
7. ... wie lange die Reise nach Korsika dauert.
8. ... was jemandem in Korsika gefällt.
9. ... was man in Korsika isst.
10. ... wann jemand losgehen/ fahren möchte.

___ **A** Comment on va au théâtre ?
___ **B** Combien de temps dure le voyage pour la Corse ?
___ **C** Qu'est-ce que tu veux ?
___ **D** Comment tu vas ?
___ **E** Où est le théâtre ?
___ **F** Qu'est-ce que tu aimes en Corse ?
___ **G** Avec qui tu vas au théâtre ?
___ **H** Qu'est-ce qu'on mange en Corse ?
___ **I** Combien ça coûte ?
___ **J** Tu veux partir quand ?

ZUSTIMMUNG

Wie du bestimmt im Dialog bemerkt hast, gibt es etliche Ausdrücke, um deine Zustimmung auszudrücken, schau mal rechts.

Und zum Jubeln: **Vive la/le/les... !** *Es lebe ...!*

très bien : *sehr gut*
c'est ça : *genau*
parfait : *perfekt*
d'accord : *einverstanden*
formidable : *hervorragend*
bien sûr : *selbstverständlich*

10

Jetzt reisen wir und du kannst entscheiden, wie dir Korsika gefällt. Schau dir die Bilder aus der Werbung für Korsika noch einmal an (Aktivität 3). Stelle dir vor, du bist dort. Drücke deine Begeisterung für folgende Merkmale Korsikas mit den oben stehenden Vorschlägen aus! Hält sich deine Begeisterung in Grenzen, dann benutze : **Bof !** Das heißt so viel wie *na ja!*

1. Les plages corses : ______________________________ .
2. Les randonnées à la mer : ______________________________ .
3. Les parfums de la nature en Corse : ______________________________ .
4. L'accent des Corses quand ils parlent : ______________________________ .
5. Les couleurs de la mer en Corse : ______________________________ .

11

fühlen

Jetzt bist du dran. Nimm eine Schere und Stifte und gestalte eine Werbung für deine Region oder deine Stadt. Suche Fotos, einen Slogan und verlockende Kommentare über alles, was man in deiner Region oder deiner Stadt empfinden kann: *hören* (**écouter**), *riechen* (**sentir**), *sehen* (**regarder**), *fühlen* (**ressentir**) und *schmecken* (**goûter**). Wir stellen dir die Vorlage für deine Werbung zur Verfügung.

LERNTIPP

Wenn dir beim Lernen die Konzentration fehlt, schnuppere kurz an der Duftkarte aus diesem Buch oder an einem Duftöl. Es unterstützt die Konzentration und erleichtert das Abrufen der Informationen durch die Erinnerung an den Duft! Viel Vergnügen!

Ici, on peut voir...

Ici, on peut manger...

Ici, on peut sentir...

Ici, on peut écouter...

Lösungen

1.

E	A	N	O	D	R	W	Q	K	O	S	**A**	N	O	**S**	**B**
I	M	**F**	**E**	**M**	**M**	**E**	L	**M**	L	E	**V**	E	N	**E**	**A**
R	A	D	O	J	P	N	K	**E**	T	M	**I**	B	J	**M**	**T**
A	F	S	P	R	A	K	E	**R**	M	A	**O**	E	N	**A**	**E**
O	W	V	R	G	H	**C**	B	S	F	W	**N**	L	T	**I**	**A**
U	A	**R**	**A**	**N**	**D**	**O**	**N**	**N**	**E**	**E**	E	R	E	**N**	**U**
T	S	C	I	H	X	**R**	Y	C	U	L	R	F	Q	**E**	I
G	S	V	M	Y	E	**S**	**J**	**U**	**I**	**L**	**L**	**E**	**T**	A	O
S	E	K	E	I	W	**E**	U	A	E	Y	A	R	U	K	F
M	**O**	**N**	**T**	**A**	**G**	**N**	**E**	R	X	Z	D	K	V	E	W

2. 1B; 2C; 3E; 4F; 5D; 6A
3. A2; B1; C2; D3
4. 1. Nous allons en Corse avec notre famille.
2. Elle veut faire de la randonnée en Corse avec nous.
5. 1. A et C; 2. A et C; 3. B et C; 4. B et C
6. 1. A et C; 2. A; 3. B; 4. A et C
7. janvier, juillet
8. Mögliche Lösungen:
4. Je vais en vacances du 11 au 18 mars.
5. Dans mon pays, la fête nationale est le 3 octobre et on fête la chute du mur.
9. 1E; 2I; 3A; 4G; 5C; 6D; 7B; 8F; 9H; 10J

Transkriptionen

TR. 29

- *Hallo!*
- *Reisebüro Tour de France, guten Tag. Kann ich Ihnen helfen?*
- *Ja, ich möchte in den Urlaub fahren.*
- *Perfekt. Wohin möchten Sie fahren?*
- *Wir sind sehr naturverbunden. In die Berge und … ans Meer.*
- *Gleichzeitig?*
- *Ja, genau.*
- *Wann möchten Sie verreisen? Und wie lange?*
- *Eine Woche im Juli oder August.*
- *Passt Ihnen der 7. bis zum 14.?*
- *Nein! Am 14. Juli ist der Nationalfeiertag. Ich möchte an diesem Tag nicht reisen. Ich feiere!*
- *Gut, dann vom 8. bis zum 15. Juli, passt das?*
- *Das ist perfekt!*
- *Mit wem verreisen Sie?*
- *Mit meiner Frau.*
- *Sehr gut. Und was wollen Sie machen?*
- *Sport. Wir sind sehr sportlich.*
- *Ich schlage Ihnen eine Woche Wandern auf Korsika vor!*
- *Wunderbar! Was für eine tolle Idee!*
- *Und wie wollen Sie dorthin reisen? Mit dem Flugzeug oder mit dem Schiff?*
- *Mit dem Schiff natürlich. Das ist romantischer.*
- *In Ordnung, ich mache Ihnen ein Angebot per E-Mail.*

TR. 30

1. In Frankreich ist der Nationalfeiertag am 14. Juli.
2. Allerheiligen ist am 1. November.
3. Er fährt vom 8. bis 15. Juli nach Korsika.

TR. 31

A Wie gelangt man zum Theater?
B Wie lange dauert die Reise nach Korsika?
C Was möchtest du?
D Wie geht es dir?
E Wo ist das Theater?
F Was gefällt dir in Korsika?
G Mit wem gehst du ins Theater?
H Was isst man auf Korsika?
I Wie viel kostet es?
J Wann möchtest du verreisen?

Lektionswortschatz

Bon voyage !	*Gute Reise!*
le bateau	*Schiff*
l'avion (m)	*Flugzeug*
la randonnée	*Wanderung*
la semaine	*Woche*
la fête	*Feier*
la montagne	*Berge*
la femme	*(Ehe-)Frau*
romantique	*romantisch*
le défilé	*Parade*
le bal	*Ball*
le feu d'artifices	*Feuerwerk*
l'île (f)	*Insel*
la beauté	*Schönheit*
l'agence (f)	*Agentur*
voyager	*reisen*
le voyage	*Reise*
écouter	*zuhören*
regarder	*anschauen*
sentir	*riechen, fühlen*
déguster	*verkosten, schmecken*
l'agence de voyage (f)	*Reisebüro*
le tour de France	*Frankreichrundreise*
aider	*helfen*
vouloir	*wollen*
parfait(e)	*perfekt*
proche	*nah*
en même temps	*gleichzeitig*
le temps	*Zeit*
Combien de temps ?	*Wie lange?*
quand	*wann*
juillet	*Juli*
août	*August*
bien	*gut*
Avec qui ?	*Mit wem?*
le sport	*Sport*
sportif(-ve)	*sportlich*
formidable	*toll*
quel/quelle/quels/ quelles	*welche(r,s)*
l'idée (f)	*Idee*
comment	*wie*
l'offre (f)	*Angebot*
le mail	*Mail*
chanter	*singen*
l'accent (m)	*Akzent*
le parfum	*Parfüm, Duft*
délicat(e)	*delikat, zart*
la couleur	*Farbe*
le ciel	*Himmel*
délicieux(-euse)	*lecker*
la voiture	*Auto*
le train	*Zug*
le gâteau	*Kuchen*
spécial(e)	*besondere(r,s)*
le roi	*König*
janvier	*Januar*
la Toussaint	*Allerheiligen*
novembre	*November*
célébrer	*feiern*
le/la mort(e)	*Tote(r)*
la messe	*Messe*
on	*wir/man*
février	*Februar*
mars	*März*
avril	*April*
mai	*Mai*
juin	*Juni*
septembre	*September*
octobre	*Oktober*
décembre	*Dezember*
durer	*dauern*
bof	*naja*
la plage	*Strand*

Petit week-end à deux

EIN WOCHENENDE ZU ZWEIT

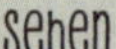

sehen

Ach, was für eine tolle Idee, dieses Wochenende zu zweit in Paris zu verbringen! Die Fahrt mit dem Touristenschiff, dem berühmten **Bateau-mouche**, ist einfach wunderschön! Die Seine glitzert in der Abendsonne, die milde Luft umhüllt die strahlenden Monumente. Ein echter Genuss!

hören
Tr. 32

à droite
rechts

à gauche
links

tout droit
geradeaus

en face
gegenüber

sous
unter

au bout
am Ende

devant
davor

derrière
dahinter

traverser
überqueren

tourner
abbiegen

continuer
weitergehen

passer
vorbeigehen

le pont
Brücke

la place
Platz

la rue
Straße

jusqu'à
bis

le train
Zug

la valise
Koffer

petit(e)
klein

grand(e)
groß

hören
Tr. 33

- • Les Champs-Élysées ! On va y aller ?
- ◎ Oui, demain on va se promener sur les Champs-Élysées, de la place de la Concorde jusqu'à l'Arc de Triomphe. Tu vas adorer !
- • Regarde ! Là-bas à gauche, devant nous, c'est le musée du Louvre ?
- ◎ Oui, et en face, à droite, c'est le musée d'Orsay. On va visiter le Louvre dimanche à 9 heures et quart.
- • À 9 heures et quart ! Pourquoi si tôt ? Le musée du Louvre est si grand ?
- ◎ Oui ! Et notre train de retour est à cinq heures et demie. Il faut repasser à l'hôtel pour prendre les valises et quitter l'hôtel à 4 heures et demie maximum.
- • Pourquoi ? L'hôtel du Temple est loin de la gare de l'Est ?
- ◎ Non, tu continues le boulevard du Temple. Tu traverses la place de la République. Tu continues tout droit sur le boulevard de Magenta. Tu tournes à la cinquième rue à droite sur le boulevard de Strasbourg. La gare est au bout du boulevard.
- • Ce n'est pas loin alors !
- ◎ Non, mais je ne veux pas être en retard !

1 Ergänze die Namen der Orte, die Louise erwähnt.

sehen

1. le ________ du Louvre
2. la ________ de la République
3. l'________ de Triomphe
4. la ________ de l'Est

KLEINER LERNTIPP

Mach dich fit für deinen nächsten Aufenthalt in Paris! Stelle dein Navi schon jetzt auf Französisch ein, selbst wenn du nicht alles verstehst! Je mehr du Französisch hörst, desto schneller wirst du etwas verstehen. Gute Reise!

2

Was bedeuten folgende Hinweise? Trage die richtige Nummer ein.

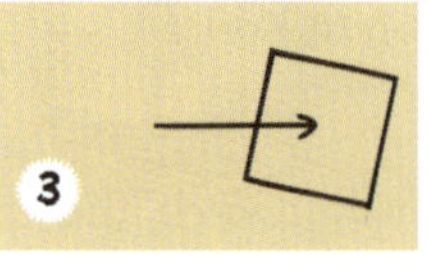

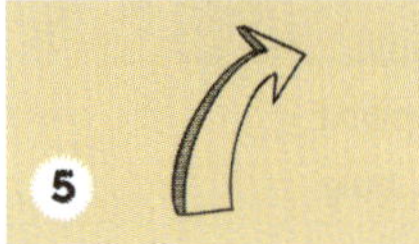

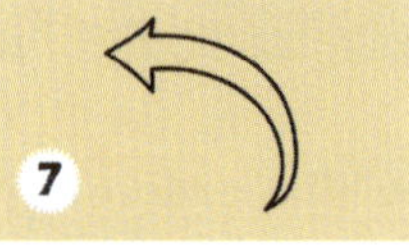

___ **A** en face du musée

___ **B** derrière la gare

___ **C** tourner à droite

___ **D** aller tout droit

___ **E** passer sous l'arc

___ **F** tourner à gauche

___ **G** traverser la place

___ **H** continuer jusqu'à la place

3

Tr. 33

Jetzt lernen wir Paris besser kennen. Höre den Dialog noch einmal an und markiere auf dem Plan den Weg vom Hotel zum Bahnhof.

L'hôtel de Louise et Daniel est sur le boulevard du Temple. Sur le plan, il y a une étoile rose. Regarde bien !

4

Tu tournes à la quatrième rue à gauche. Weißt du, was **quatrième** bedeutet? Es ist natürlich von der Zahl **quatre** abgeleitet und bedeutet *vierte(r,s)*. Bei den französischen Ordnungszahlen fügt man einfach **-ième** zu der Grundzahl hinzu. Es gibt eine Ausnahme. Hast du sie gefunden?

1. un	**A** quatrième
2. deux	**B** deuxième
3. trois	**C** premier/première
4. quatre	**D** sixième
5. cinq	**E** troisième
6. six	**F** cinquième

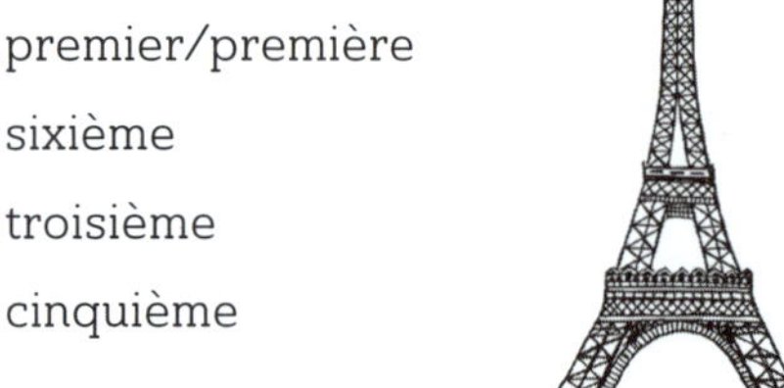

Die nahe Zukunft

Wie der Name es schon verrät, braucht man diese Zeit, um baldige Handlungen oder bevorstehende Ereignisse, die ziemlich sicher eintreten werden, zu beschreiben.

Die Zeit wird mit dem Verb **aller** im Präsens + Infinitiv des gewünschten Verbs gebildet.

je vais partir	**nous allons tourner à droite**
tu vas manger	**vous allez passer sous le pont**
il/elle/on va danser	**ils/elles vont traverser la rue**

Du kannst außerdem deinen Satz mit einer Zeitangabe einleiten:
demain *morgen* **dimanche** *am Sonntag* **à neuf heures et demie** *um 9.30 Uhr*

Bringe folgende Sätze in die richtige Reihenfolge.

1. à Toulouse ✲ aller ✲ Amélie ✲ va ✲ lundi prochain

   ____

2. ils ✲ manger ✲ vont ✲ à vingt heures ✲ au restaurant

   ____

3. adorer ✲ vous ✲ les sardines grillées ✲ de Daniel ✲ allez

   ____

4. la Seine ✲ allons ✲ demain ✲ traverser ✲ nous ✲ en bateau-mouche

   ____

5. du Louvre ✲ vas ✲ jusqu'au ✲ continuer ✲ tu ✲ musée

   ____

6

Was wirst du morgen machen, um dich wohlzufühlen? Beende folgende Sätze. Hier sind ein paar Ideen: **manger / aller au cinéma / aller au musée / partir au restaurant / faire du jogging / écouter de la musique...**

1. À huit heures et quart (8:15h), je vais ______________________________
2. À dix heures et demie (10:30h), je ______________________________
3. À treize heures (13h), je ______________________________
4. À vingt-deux heures (22h), je ______________________________

REZEPT

Les macarons à la framboise

HIMBEERMACARONS

Schmecken

Wenn du nach Paris fährst, muss du unbedingt Macarons probieren. Es ist **chic** und sie schmecken auch einfach hervorragend. Es gibt tolle Adressen, wo man die besten Macarons der Stadt findet. Aber falls du selbst nicht nach Paris fahren kannst, haben wir ein einfaches Rezept für köstliche Himbeermacarons für dich, damit du diese kleine Leckereien trotzdem genießen kannst. Lass sie dir schmecken! **Régale-toi !**

Zutaten:

90g de sucre en poudre - **150g** de poudre d'amande - **130g** de blanc d'œuf (de 4 gros œufs ou 5 petits œufs) - **210g** de sucre glace - **1g** de colorant rouge - **50g** de confiture de framboise

1. Die gemahlenen Mandeln und den feinen Kristallzucker in einem Mixer zu feinem Staub zerkleinern und sieben.
2. Das Eiweiß steif schlagen und den Puderzucker allmählich hinzufügen, während die Masse härter und glänzender wird.
3. Die Mandel-Zucker-Mischung mit einem Silikonteigschaber vorsichtig unter den Eischnee heben.
4. So viel rote Lebensmittelfarbe dazugeben, wie du möchtest. Es kann ruhig ein wenig mehr sein, denn die Farbe verblasst beim Backen.
5. Die Mischung in einen Spritzbeutel mit großer Lochtülle füllen und Tupfen mit circa 3,5 cm Durchmesser auf ein Blech spritzen.
6. Den Ofen auf 160 °C vorheizen.
7. Die Macaronhälften noch 15 Minuten bei Raumtemperatur stehen lassen und erst dann 10 bis 12 Minuten im Ofen backen.
8. Das Blech aus dem Ofen holen und die Macaronschalen abkühlen lassen.
9. Jeweils zwei Hälften mit fein passierter Himbeermarmelade bestreichen und zusammenfügen.

le sucre en poudre *feiner Kristallzucker*
la poudre d'amande *gemahlene Mandeln*
le blanc d'oeuf *Eiweiß*
le sucre glace *Puderzucker*
le colorant rouge *rote Lebensmittelfarbe*
la confiture de framboise *Himbeermarmelade*

7

hören
Tr. 34
riechen

Mach dir eine Tasse Kaffee, leg ein Croissant auf einen Teller und geschnittenes Obst in eine Schüssel. Schließ die Augen und nimm die drei Gerüche wahr. Hör den Dialog an und schreib unter jedes Bild die Orte aus der Wegbeschreibung, die dich an diese Gerüche erinnern.

- Bonjour, excusez-moi, pour aller au café de Flore, s'il vous plaît ?
- ◎ Vous connaissez la rue Bonaparte ?
- Non.
- ◎ C'est au bout de la place à droite de la boulangerie. Vous prenez cette rue tout droit, jusqu'au boulevard Saint-Germain.
- D'accord.
- ◎ Vous traversez en face du primeur et prenez le boulevard vers la gauche. Vous passez devant le café Les deux Magots. C'est là !
- Merci ! Au revoir !
- ◎ De rien. Au revoir !

1. ____________ 2. ____________ 3. ____________

Die Uhrzeit: Quelle heure est-il ?

- In der ersten Hälfte der Stunde (von 0 bis 30) hängt man die Minuten an die Stunde an.
  08h10 – Il est huit heures dix.
- In der zweiten Hälfte (von 30 bis 59) zieht man die Minuten von der vorherigen Stunde ab.
  08h50 – Il est neuf heures moins dix.
- **et quart**: steht für *Viertel nach*.
- **et demie** steht für *halb*.
- **moins le quart** steht für *Viertel vor*.
- Zu *12 Uhr* sagt man: **Il est midi**.
- Für *Mitternacht* verwendet man: **Il est minuit**.
- Und will man die Tageszeit ausdrücken, sagt man:
  Il est huit heures du matin *morgens*
  de l'après-midi *nachmittags* oder eben **du soir** *abends*!

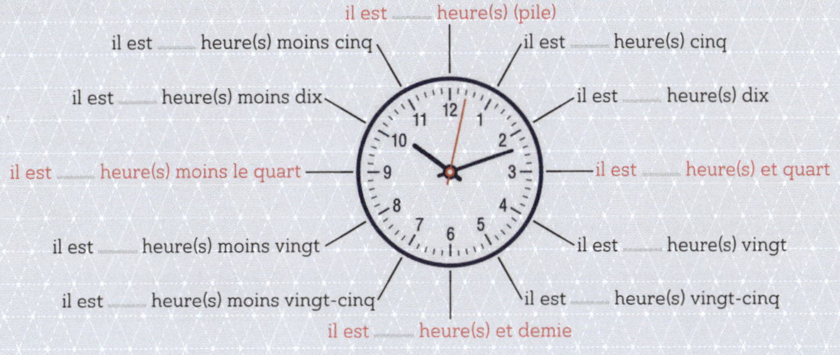

8 Hör dir an, wie spät es ist. Zeichne dann die Uhrzeit ein und schreibe sie anschließend darunter.

hören
Tr. 35

1 ______________ 2 ______________ 3 ______________

4 ______________ 5 ______________ 6 ______________

9 Jetzt bist du in Paris und brauchst bestimmte Auskünfte. Was sagst du, ...

hören
Tr. 36

1. ... um jemanden anzusprechen? • **A** Ça prend combien de temps ?

2. ... um zu fragen, wie man irgendwo hinkommt? • **B** C'est loin ?

3. ... um zu fragen, ob es weit ist? • **C** Au revoir.

4. ... um zu fragen, wie lange es dauert, um an einen bestimmen Ort zu gelangen? • **D** Pour aller à..., s'il vous plaît ?

5. ... um dich zu verabschieden? • **E** Quelle heure est-il ?

6. ... um nach der Uhrzeit zu fragen? • **F** Excusez-moi.

10 Jetzt kannst du nach verschiedenen Informationen fragen. Aber kannst du auch antworten, wenn man dich fragt? Verbinde die Fragen mit den passenden Antworten.

1. Vous connaissez la rue Ferron ? • **A** Il est dix heures et quart.

2. Pour aller à la gare, s'il vous plaît ? • **B** Ça prend 20 minutes.

3. C'est loin ? • **C** Vous allez tout droit et prenez la première rue à gauche.

4. Ça prend combien de temps ? • **D** Non, ce n'est pas loin.

5. Il est quelle heure, s'il vous plaît ? • **E** Oui, je connais. C'est derrière la poste.

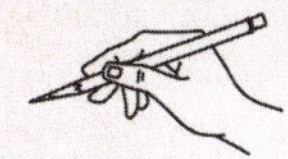

11

fühlen

Zeichne hier einen schönen, farbigen, präzisen Plan deiner Gegend oder deiner Lieblingsstadt. Beschrifte wichtige Orte auf Französisch (Läden, Museen, Theater, Kinos, Straßen, Plätze, Brücke, etc.). Wähle dann zwei Punkte A und B und erkläre den Weg von A nach B. Versuche jetzt die Punkte immer weiter von einander entfernt zu malen. Kannst du den Weg noch erklären? Kennst du andere Leute, die Französisch lernen oder sprechen? Dann überprüfe, ob sie mit deiner Wegbeschreibung ans Ziel kommen!

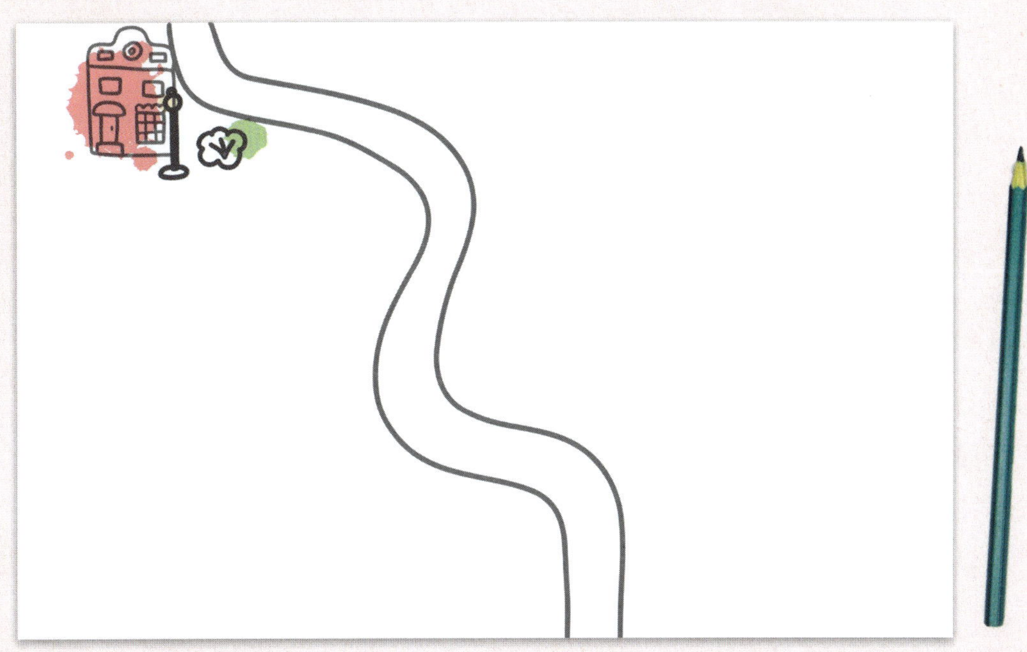

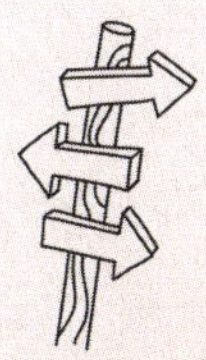

DAS VERB PRENDRE – NEHMEN

je prends	**nous prenons**
tu prends	**vous prenez**
il/elle/on/ça prend	**ils/elles prennent**

Dieses Verb ist sehr praktisch. Es bedeutet *nehmen*, kann aber auch für *abbiegen* oder für *dauern* benützt werden.

Je prends la troisième rue à gauche.
Ça prend 25 minutes. (immer mit **ça** = *es dauert*)

Lösungen

1. 1. le musée du Louvre; 2. la place de la République; 3. l'Arc de Triomphe; 4. la gare de l'Est
2. 4A; 6B; 5C; 1D; 8E; 7F; 2G; 3H
3.

4. 1C; 2B; 3E; 4A; 5F; 6D
5. 1. Amélie va aller à Toulouse lundi prochain.
2. Ils vont manger au restaurant à vingt heures.
3. Vous allez adorer les sardines grillées de Daniel.
4. Demain, nous allons traverser la Seine en bateau-mouche.
5. Tu vas continuer jusqu'au musée du Louvre.
7. 1. la boulangerie; 2. le café; 3. le primeur
8. 1. Il est trois heures et demie. (15:30)
2. Il est quatre heures vingt. (4:20)
3. Il est six heures moins le quart. (17:45)
4. Il est une heure vingt. (13:20)
5. Il est trois heures moins vingt-cinq. (2:35)
6. Il est huit heures cinq. (8:05)
9. 1F; 2D; 3B; 4A; 5C; 6E
10. 1E; 2C; 3D; 4B; 5A

Transkriptionen

TR. 33
- Die Champs-Élysées! Werden wir dort hingehen?
- Ja, morgen werden wir auf den Champs-Élysées spazieren gehen, von der Place de la Concorde bis zum Arc de Triomphe. Das wird dir gefallen!
- Schau mal! Da links vor uns, ist das das Louvre-Museum?
- Ja, und gegenüber, auf der rechten Seite, ist das Musée d'Orsay. Wir werden den Louvre am Sonntag um Viertel nach neun besichtigen.
- Um Viertel nach neun! Warum so früh? Ist das Louvre-Museum so groß?
- Ja! Und unser Zug nach Hause fährt um halb sechs. Wir müssen noch im Hotel vorbei, um die Koffer zu holen, und müssen spätestens um halb fünf das Hotel verlassen.
- Warum? Ist das Hôtel du Temple weit vom Gare de l'Est entfernt?
- Nein, du gehst einfach auf dem Boulevard du Temple weiter. Du überquerst den Place de la République. Du gehst weiter geradeaus auf dem Boulevard de Magenta. An der vierten Straße biegst du links auf den Boulevard de Strasbourg ab. Der Bahnhof ist am Ende des Boulevards.
- Dann ist es nicht weit!
- Nein, aber ich will nicht zu spät kommen!

TR. 34
- Guten Tag, entschuldigen Sie bitte. Wie komme ich zum Café de Flore?
- Kennen Sie die Rue Bonaparte?
- Nein.
- Sie befindet sich am Ende des Platzes, rechts von der Bäckerei. Sie gehen diese Straße geradeaus bis zum Boulevard Saint-Germain.
- In Ordnung.
- Sie überqueren die Straße gegenüber dem Obst- und Gemüsehändler und biegen dann links in den Boulevard ein. Sie gehen am Café Les deux Magots vorbei. Und dort ist es.
- Vielen Dank! Auf Wiedersehen!
- Gern geschehen. Auf Wiedersehen!

TR. 35

• Il est trois heures et demie.	*Es ist halb vier.*
• Il est quatre heures vingt.	*Es ist zwanzig nach vier.*
• Il est six heures moins le quart.	*Es ist Viertel vor sechs.*
• Il est une heure vingt.	*Es ist zwanzig nach eins.*
• Il est trois heures moins vingt-cinq.	*Es ist fünfundzwanzig Minuten vor drei.*
• Il est huit heures cinq.	*Es ist acht Uhr fünf.*

TR. 36

A Wie lange dauert das?
B Ist es weit weg?
C Auf Wiedersehen.
D Um zu .... zu gelangen, bitte?
E Wie spät ist es?
G Entschuldigung.

Lektionswortschatz

le bateau-mouche	*Touristenschiff in Paris*
à droite	*rechts*
à gauche	*links*
tout droit	*geradeaus*
en face	*gegenüber*
sous	*unter*
au bout	*am Ende*
devant	*davor*
derrière	*dahinter*
traverser	*überqueren*
tourner	*abbiegen*
continuer	*weitergehen*
passer	*vorbeigehen, hier: durchfahren*
le pont	*Brücke*
la place	*Platz*
la rue	*Straße*
jusqu'à	*bis*
le train	*Zug*
la valise	*Koffer*
petit(e)	*klein*
grand(e)	*groß*
voir	*sehen*
le palais présidentiel(-le)	*Palast Präsidenten-*
l'arc (m)	*Bogen*
demain	*morgen*
se promener	*spazieren gehen*
là-bas	*dort*
le quart	*Viertel*
si	*so*
tôt	*früh*
le retour	*Rückkehr*
demie	*halb*
repasser	*zurückgehen*
prendre	*nehmen*
quitter	*verlassen*
maximum	*hier: spätestens*
pourquoi	*warum*
loin	*weit*
la gare	*Bahnhof*
quatrième	*vierte(r, s)*
le boulevard	*Boulevard*
être en retard	*spät dran sein*
le plan	*Plan*
l'étoile (f)	*Stern*
premier(-ière)	*erste(r, s)*
deuxième	*zweite(r, s)*
troisième	*dritte(r, s)*
cinquième	*fünfte(r, s)*
sixième	*sechste(r, s)*
prochain(e)	*nächste(r, s)*
Excusez-moi !	*Entschuldigen Sie!*
connaître	*kennen*
le rendez-vous	*Termin*
être à l'heure	*pünktlich sein*
De rien !	*Gern geschehen!*

100% fait maison

100% HAUSGEMACHT

sehen

Weihnachten rückt näher. Draußen fallen die Temperaturen. Die Tage werden kürzer, die Abende länger. Zu Hause ist es jetzt am wärmsten und am gemütlichsten. Die Zeit scheint langsamer zu vergehen. Der richtige Moment für Einkehr und Beschaulichkeit ist gekommen. Verbringe also den heutigen Abend mit uns! **Reste donc avec nous ce soir !**

hören
Tr. 37

Noël
Weihnachten

la décoration
Dekoration

la table
Tisch

la serviette
Serviette

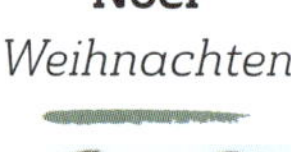

l'invité(e)
Gast

dormir
schlafen

le magasin
Laden, Geschäft

Mercredi

le jour
Tag

la dinde
Pute

le marron
Kastanie

glacé(e)
eiskalt

la poire
Birne

nombreux(-euse)
zahlreich

gros(-se)
dick

magnifique
wunderschön

délicieux(-euse)
sehr lecker

fier(-ière)
stolz

le rond de serviette
Serviettenring

la bûche de Noël
Weihnachts-cremerolle

cuisiner /faire la cuisine
kochen

Tr. 38

- Qu'est-ce que tu fais ?
- ◎ Ma décoration de table pour Noël.
- C'est beau ! Tu fais tout ça toi-même ?
- ◎ Oui, je préfère faire la déco moi-même. Là, je fais des ronds de serviette avec les noms des invités.
- Vous êtes nombreux ?
- ◎ Oui, on est quinze. Il y a mes parents. Ma sœur vient avec son mari et leurs enfants. Et mon cousin de Bordeaux vient avec sa femme et leurs enfants.
- Oh ! Vous êtes nombreux ! Ils vont dormir où ?
- ◎ Ma sœur et sa famille dorment chez nous. Mes parents dorment à l'hôtel et les cousins chez leurs amis.
- Tu vas faire à manger pour tout le monde ?
- ◎ Oui, je vais faire une grosse dinde de Noël aux marrons et une bûche glacée poire chocolat.
- Mmmmm. Ça va être bon !
- ◎ Oui, j'ai deux jours de vacances, je veux prendre mon temps et tout faire moi-même. J'en ai marre de stresser, d'aller vite. J'ai besoin de faire les choses à mon rythme.
- Tu as bien raison. En plus, quand on fait les choses soi-même, c'est plus beau, c'est meilleur et on est fier !
- ◎ C'est vrai, regarde ma déco. Elle est plus belle que les décorations des magasins !
- Ça, c'est sûr. Elle est magnifique !

1 Ergänze die Titel der Bilder anhand folgender Adjektive:
nombreux/fier/bon/beau/grosse/glacée

sehen

1. une ______ dinde **2.** un Français ______ **3.** des cousins ______

4. une bûche ______ **5.** un ______ vin **6.** un ______ bateau

2

hören

Tr. 38

Höre den Dialog noch einmal an und vervollständige dabei folgende Vokabelnetze mit Wörtern zum jeweiligen Thema.

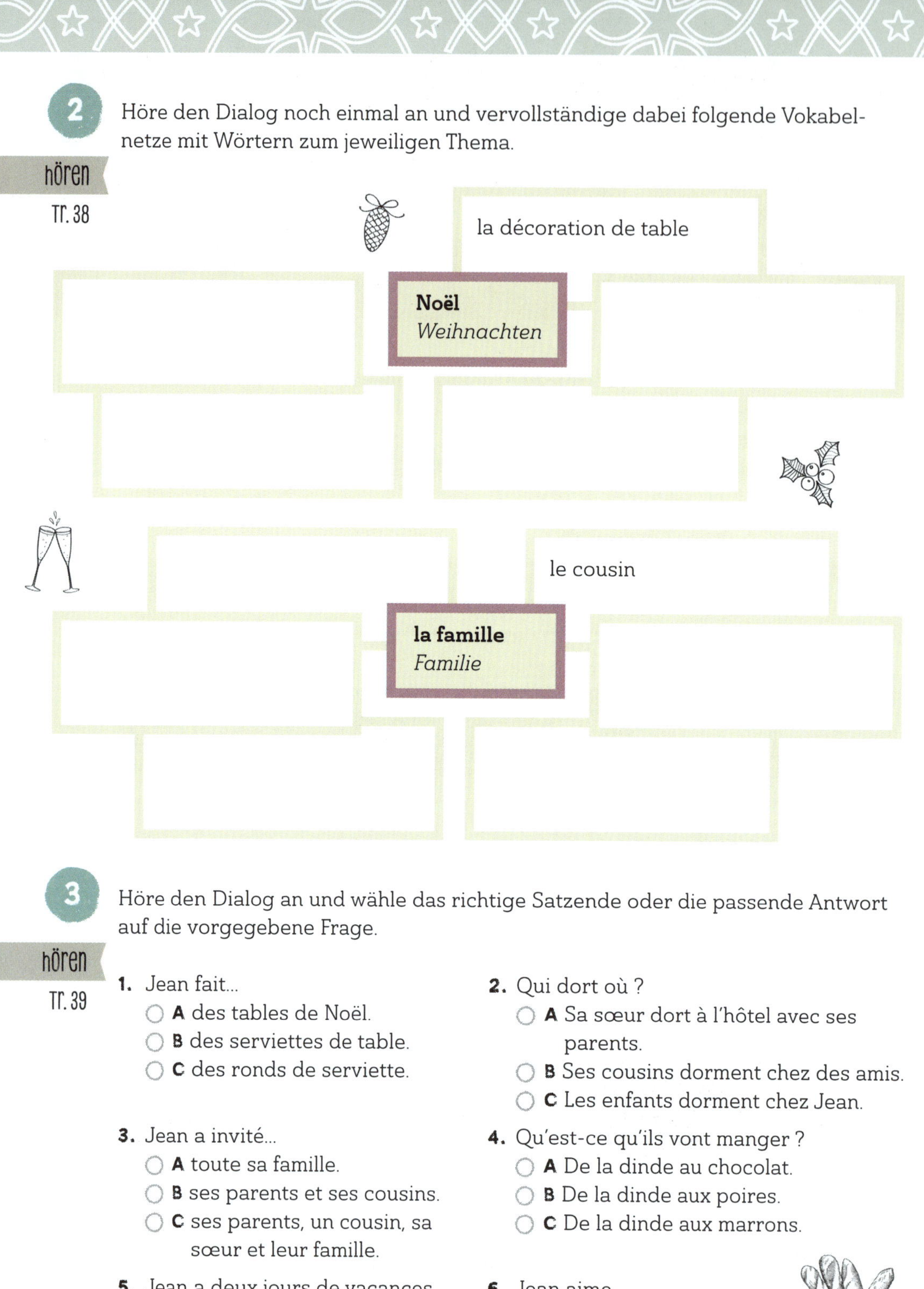

3

hören

Tr. 39

Höre den Dialog an und wähle das richtige Satzende oder die passende Antwort auf die vorgegebene Frage.

1. Jean fait...
- ◯ **A** des tables de Noël.
- ◯ **B** des serviettes de table.
- ◯ **C** des ronds de serviette.

2. Qui dort où ?
- ◯ **A** Sa sœur dort à l'hôtel avec ses parents.
- ◯ **B** Ses cousins dorment chez des amis.
- ◯ **C** Les enfants dorment chez Jean.

3. Jean a invité...
- ◯ **A** toute sa famille.
- ◯ **B** ses parents et ses cousins.
- ◯ **C** ses parents, un cousin, sa sœur et leur famille.

4. Qu'est-ce qu'ils vont manger ?
- ◯ **A** De la dinde au chocolat.
- ◯ **B** De la dinde aux poires.
- ◯ **C** De la dinde aux marrons.

5. Jean a deux jours de vacances...
- ◯ **A** pour faire la cuisine.
- ◯ **B** pour dormir.
- ◯ **C** pour voir son cousin.

6. Jean aime...
- ◯ **A** prendre son temps.
- ◯ **B** la femme de son cousin.
- ◯ **C** la dinde aux marrons.

Adjektive

Du erinnerst dich bestimmt daran, dass Adjektive wie folgt angepasst werden:

 le **petit** homme	la **petite** femme	 les **petits** hommes	 les **petites** femmes

Adjektive auf **-eux, -on/-en, -er** und **-s** verhalten sich anders.

		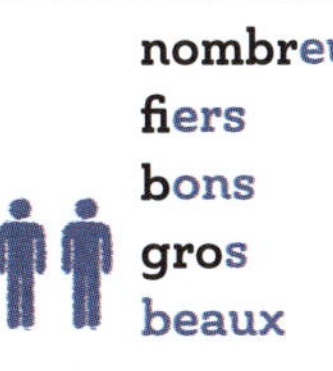	
nombreux *viel*	**nombreuse**	**nombreux**	**nombreuses**
fier *stolz*	**fière**	**fiers**	**fières**
bon *gut*	**bonne**	**bons**	**bonnes**
gros *dick*	**grosse**	**gros**	**grosses**
beau *schön*	**belle**	**beaux**	**belles**

Wenn das Adjektiv bereits auf **-s** endet, fügt man im Plural kein zusätzliches **s** hinzu. **le gros homme** ➡ **les gros hommes**

Das gleiche gilt für das **e** bei der weiblichen Form, wenn das Adjektiv in der männlichen Grundform bereits auf **-e** endet:
le magnifique bateau ➡ **la magnifique décoration**

Achte darauf, dass im Französichen **é** nicht gleich **e** ist ! Wenn du also ein **é** siehst, brauchst du für die weibliche Form sehr wohl ein zusätzliches **e**: **glacé - glacée**
le dessert glacé ➡ la bûche glacée

Passe in folgendem Text die Adjektive richtig an.

1. Marie a une famille ____________ (nombreux) et des ________ (bon) amies.
2. Sa cousine est une ____________ (gros) femme avec un caractère ____________ (fier).

Vergleich mit Adjektiven

Um zwei Sachen miteinander zu vergleichen, kannst du folgende Satzstruktur verwenden:

A + das Verb **être** + **plus** + das angepasste Adjektiv + **que** + **B**
Ma décoration est **plus belle que** la décoration des magasins.

Aufpassen: Beim Adjektiv **bon** sagt man **meilleur** *(besser)*.
Ma bûche glacée est **meilleure** que la bûche de la boulangerie.

La dinde aux marrons

PUTE MIT MARONENFÜLLUNG

Schmecken

Heute kannst du Weihnachten wie in Frankreich feiern. Stelle dir vor, du sitzt an einem festlich geschmückten Tisch. Es erwartet dich ein langes, gemütliches Essen mit Gerichten, die du selbst von A bis Z stundenlang zubereitet hast. Darunter viele französische Klassiker wie die **dinde aux marrons**. Vergiss nicht den passenden Wein zu jedem Gericht. Zur Pute mit Maronenfüllung eignet sich zum Beispiel ein leichter Rotwein, ein **pinot noir** wie der **Mâcon**, der **Pommard**, der **Santenay** oder der **Volnay**. **Joyeux Noël !**

Zutaten:

3 kg de dinde – **1 kg** de marrons en bocaux – **2** tranches de pain de mie – **100g** de beurre – **200g** de viande hachée – **300g** de crème fraîche – **1** poignée de persil – **3** pincées de gros sel – **80 ml** de Cognac – **2** échalotes – **1** œuf

1. Leber, Herz und Muskelmagen der Pute für die Füllung entfernen.
2. Das Brot in der Creme fraîche einweichen.
3. Die Innereien zusammen mit dem Hackfleisch grob hacken
4. Die Schalotten und die Petersilie in Butter anbraten. Den Cognac darüber gießen.
5. Das Ei aufschlagen und über die gebratene Mischung gießen. Danach fünf Esskastanien und das Fleisch hinzugeben. Alles mischen.
6. Die Pute füllen und mit Küchengarn zusammenbinden. Mit Butter und Salz bestreichen.
7. Eine große Schüssel einfetten. Die Pute mit den restlichen Esskastanien hineingeben und 30 Minuten bei 120 °C garen. Nach 30 Minuten den Ofen für eine Stunde auf 220 °C hochschalten.
8. Die Pute aus dem Ofen nehmen, vorsichtig umdrehen. Eine weitere Stunde garen lassen. Regelmäßig mit dem Bratensaft begießen.
9. Danach hinausnehmen und servieren.

la dinde *Pute*
les marrons en bocaux *Esskastanien/ Maronen im Glas*
le pain de mie *Toastbrot*
la viande hachée *Hackfleisch*
le persil *Petersilie*
le gros sel *grobkörniges Salz*
un œuf *Ei*
une échalote *Schalotte*

5

sehen

Vergleiche die **bûche de Noël** von Jean mit der seiner Frau Marie, die leider nicht gut backen kann! Hier sind ein paar Adjektive, die du benützen kannst: **bon, belle, chocolaté, gros**.

☺ ☹

1. La bûche de Noël de Jean est ________________ que la bûche de Noël de Marie.
2. ____
3. ____
4. ____

hören

Tr. 40

- Moi, je fais toujours la cuisine moi-même. Et toi ?
- ◎ Moi, je n'aime pas cuisiner moi-même, sauf les desserts.
- Alors tu fais les desserts toi-même ?
- ◎ Oui, c'est meilleur.
- Pas toujours ! Nous, on va régulièrement dans un restaurant vraiment excellent. Ils ont de délicieux desserts. Ils sont meilleurs que les desserts de ma mère !
- ◎ Mais ils font les desserts eux-mêmes dans ton restaurant, non ?
- Oui, bien sûr !
- ◎ Alors, c'est fait maison aussi !
- C'est vrai !

6

hören

Tr. 40

Höre den Dialog noch einmal an. Das wird dir helfen, die folgenden Sätze in die richtige Reihenfolge zu bringen.

1. pas ✲ n' ✲ moi ✲ cuisiner ✲ je ✲ moi-même ✲ aime ✲ .

   ____

2. toi-même ✲ fais ✲ tu ✲ desserts ✲ les ✲ ?

   ____

3. restaurant ✲ ils ✲ desserts ✲ dans ✲ font ✲ le ✲ les ✲ eux-mêmes ✲ .

   ____

4. ma ✲ meilleurs ✲ que ✲ desserts ✲ les ✲ de ✲ mère ✲ sont ✲ ils ✲ .

   ____

Betonte Pronomen

Du kennst bereits die Personalpronomen als Subjekt vor dem Verb **(je, tu, il/elle/on, nous, vous, ils/elles).** Auf Deutsch sind das *ich, du, er, sie* usw.

➡ Wenn man das Subjekt aber betonen will, gibt es im Französischen ein besonderes Pronomen. Die Franzosen verwenden es sehr gerne, um sich von den anderen zu unterscheiden! **Moi, je m'appelle Mathis.** *(Ich,) ich heiße Mathis.*

je – moi	**nous – nous**
tu – toi	**vous – vous**
il /elle – lui /elle	**ils /elles – eux / elles**

➡ Man kann diese Pronomen auch benutzen, wenn es im Satz kein Verb gibt.
Moi, je m'appelle Mathis. Et toi ? *Ich heiße Mathis. Und du?*

➡ Außerdem kann man diese Pronomen auch mit einer Präposition kombinieren.
Ton frère fête Noël avec toi ? *Feiert dein Bruder Weihnachten mit dir?*

7 Stell dich vor und betone dabei das Pronomen.

1. ______________, je m'appelle ______________ .
2. ______________, j'habite à ______________ .
3. ______________, j'ai ______________ ans.

FAIRE SOI-MÊME ! SELBST MACHEN!

Man ist immer stolz, wenn man etwas selbst macht! Um auszudrücken, dass du etwas selbst gemacht hast, setze einfach „même" im Singular und „mêmes" im Plural mit einem Bindestrich hinter das Pronomen.

➔ **moi-même** ➔ **toi-même** ➔ **lui-même** ➔ **elle-même** ➔ **nous-mêmes** ➔ **vous-même** (höflich) ➔ **vous-mêmes** (für mehrere Personen) ➔ **eux-mêmes** ➔ **elles-mêmes**

8 Zu wem gehört welche Aussage? Ordne die Bilder den Aussagen zu.

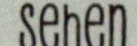

___ **A** Je fais la décoration moi-même !

___ **B** Toi, tu fais le pain toi-même ?

___ **C** Nous faisons notre vin nous-mêmes !

___ **D** Tu fais les desserts toi-même ?

Bastle selbst auch schöne Platzkarten für deinen Weihnachtstisch!
Toi aussi, fabrique toi-même de beaux marque-places pour Noël !

Fühlen

1. Zeichne auf einem Weihnachtspapier deiner Wahl Spiralen auf.
Dessine des spirales sur un papier de Noël de ton choix.

2. Schneide die Spiralen aus.
Découpe les spirales.

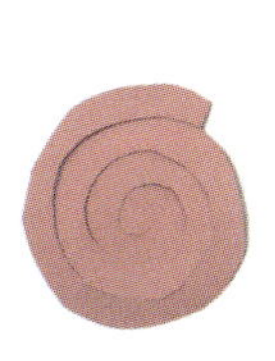

3. Rolle die Spirale zwischen deinen Fingern. **Enroule la spirale entre tes doigts.**

4. So muss deine Rose aussehen.
Ta rose ressemble à ça.

5. Schneide zwei verschiedenenfarbige Kärtchen mit den Maßen 11×7cm und 10×6cm aus. Schreibe den Namen des Gastes auf die kleine Karte und klebe sie auf die große. Klebe jetzt eine Rose in die Ecke deiner Karte. Deine Platzkarte ist fertig. Gratulation!
Découpe des cartes de 11×7cm et 10×6cm de 2 couleurs différentes. Écris le nom de l'invité(e) sur la petite carte et colle-la sur la grande. Colle maintenant une rose sur le coin de la carte. Ta carte est terminée. Bravo !

Lösungen

1. 1. une grosse dinde; 2. un Français fier; 3. des cousins nombreux; 4. une bûche glacée; 5. un bon vin; 6. un beau bateau

2.

Noël

Antwortmöglichkeiten: la décoration de table, la dinde, la bûche, les invités, la famille, le rond de serviette, la table, manger, magnifique, etc.

La famille

Antwortmöglichkeiten: le cousin, les parents, les enfants, la sœur, la mari, nombreux, les amis, etc.

3. 1C; 2B; 3C; 4C; 5A; 6A

4. 1. nombreuse, bonnes; 2. grosse, fier

5. Mögliche Antworten:

La bûche de Noël de Jean **est meilleure que** la bûche de Noël de Marie.

La bûche de Noël de Jean **est plus belle que** la bûche de Noël de Marie.

La bûche de Marie **est plus chocolatée que** la bûche de Jean.

La bûche de Jean **est plus grosse que** la bûche de Marie

6. 1. Moi, je n'aime pas cuisiner moi-même.

2. Tu fais les desserts toi-même ?

3. Ils font les desserts eux-mêmes dans le restaurant. / Dans le restaurant, ils font les desserts eux-mêmes.

4. Ils sont meilleurs que les desserts de ma mère.

7. Individuelle Antworten, z.B.

1. Moi, je m'appelle Emma Stein.

2. Moi, j'habite à Berlin.

3. Moi, j'ai 35 ans.

8. 1C; 2D; 3A; 4B

Transkriptionen

TR. 38

- *Was machst du gerade?*
- *Meine Tischdekoration für Weihnachten.*
- *Das ist schön! Machst du das alles selbst?*
- *Ja, ich mache die Dekoration lieber selbst. Im Moment mache ich Serviettenringe mit den Namen der Gäste.*
- *Sind es viele Gäste?*
- *Ja, wir sind fünfzehn. Meine Eltern sind dabei. Meine Schwester kommt mit ihrem Mann und ihren Kindern. Und mein Cousin aus Bordeaux kommt mit seiner Frau und seinen Kindern.*
- *Oh, ihr seid aber viele! Wo werden sie schlafen?*
- *Meine Schwester und ihre Familie schlafen bei uns. Meine Eltern schlafen in einem Hotel und die Cousins bei ihren Freunden.*
- *Wirst du für alle kochen?*
- *Ja, ich werde einen großen Weihnachtstruthahn mit Kastanien und eine eiskalte Weihnachtscremerolle mit Birne und Schokolade machen.*
- *Mmmmm. Das wird lecker sein!*
- *Ja, ich habe zwei Tage Urlaub, ich will mir Zeit nehmen und alles selbst machen. Ich habe es satt, mich zu stressen und alles schnell zu erledigen. Ich muss die Dinge in meinem eigenen Tempo erledigen.*
- *Da hast du Recht. Außerdem ist es schöner und besser, wenn man die Dinge selbst macht! Man ist stolz darauf!*
- *Das stimmt, schau dir meine Deko an. Sie ist schöner als die Dekorationen in den Geschäften!*
- *Das kann man wohl sagen. Sie ist wunderschön!*

TR. 39

• Jean fait des ronds de serviette.	*Jean macht Serviettenringe.*
• Ses cousins dorment chez des amis.	*Seine Cousins und Cousinen schlafen bei Freunden.*
• Jean a invité ses parents, un cousin, sa sœur et leur famille.	*Jean hat seine Eltern, einen Cousin, seine Schwester und ihre Familie eingeladen.*
• Ils vont manger de la dinde aux marrons.	*Sie werden mit Maronen gefüllten Truthahn essen.*
• Jean a deux jours de vacances pour faire la cuisine.	*Jean hat zwei Tage Urlaub, um zu kochen.*
• Jean aime prendre son temps.	*Jean nimmt sich gern Zeit.*

TR. 40

- *Ich koche immer selbst. Wie sieht es bei dir aus?*
- *Ich mag es nicht, selbst zu kochen, außer bei Nachspeisen.*
- *Also machst du die Nachspeisen selbst?*
- *Ja, das ist besser. Und du?*
- *Nicht immer! Wir gehen regelmäßig in ein wirklich gutes Restaurant. Dort gibt es leckere Nachspeisen. Die sind besser als die Nachspeisen meiner Mutter!*
- *Aber in diesem Restaurant machen sie die Desserts selbst, oder?*
- *Ja, natürlich!*
- *Dann sind sie auch hausgemacht!*
- *Das stimmt!*

Lektionswortschatz

Noël	*Weihnachten*
la décoration	*Dekoration*
la table	*Tisch*
la serviette	*Serviette*
l'invité(e)	*Gast*
dormir	*schlafen*
le magasin	*Laden, Geschäft*
le jour	*Tag*
la dinde	*Pute*
le marron	*Kastanie*
glacé(e)	*eiskalt*
la poire	*Birne*
nombreux(-euse)	*zahlreich*
gros(-se)	*dick*
magnifique	*wunderschön*
délicieux(-euse)	*sehr lecker*
fier(-ière)	*stolz*
le rond de serviette	*Serviettenring*
la bûche de Noël	*Weihnachtscremerolle*
cuisiner/faire la cuisine	*kochen*
tout	*alles*
venir	*kommen*
l'enfant	*Kind*
la bûche glacé(e)	*Weihnachtseiskuchen*
le jour de vacances	*Urlaubstag*
en avoir marre	*es satthaben*
stresser	*stressen*
vite	*schnell*
avoir besoin de qc	*etwas brauchen*
le rythme	*Rhythmus*
avoir raison	*Recht haben*
plus beau	*schöner*
meilleur(e)	*besser*
sûr(e)	*sicher*
le bateau	*Boot*
inviter	*einladen*
le caractère	*Charakter*
sauf	*außer*
alors	*also*
pas toujours	*nicht immer*
régulièrement	*regelmäßig*
fait maison	*hausgemacht*
le pain	*Brot*
fabriquer	*herstellen*
le marque-place	*Platzkarte*
la rose	*Rose*
le papier	*Papier*
la spirale	*Spirale*
entre	*zwischen*
le doigt	*Finger*
découper	*ausschneiden*
enrouler	*(auf-)wickeln*
ressembler	*ähneln*
le papier cadeau	*Geschenkpapier*

SELBST TUN

Etwas selbst zu tun ist perfekt zum Lernen. Lies also bei der Bastelaufgabe auf S. 85 jeden Arbeitsschritt laut vor, während du ihn tust. Um eine noch motivierendere Stimmung zu schaffen, kannst du auch einen himmlischen Weihnachtsduft (Mandarinen, Zimt, etc.) im Raum verteilen.

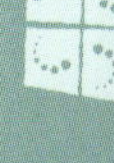

Au musée d'Orsay

IM MUSÉE D'ORSAY

sehen

Es ist Sonntag und es regnet in Strömen. Daher gönnen wir uns einen Nachmittag voller Kultur und Inspiration. Wir folgen den Spuren der Maler, die das Ende des 19. und den Anfang des 20. Jahrhunderts geprägt haben. Mach die Augen weit auf und tritt ein in die Welt des **Musée d'Orsay**! Eine Reise durch Farben und Tupfen beginnt.

hören
Tr. 41

le printemps
Frühling

l'été (m)
Sommer

l'automne (m)
Herbst

l'hiver (m)
Winter

le paysage
Landschaft

l'arbre (m)
Baum

l'amandier (m)
Mandelbaum

la fleur
Blume

le ciel
Himmel

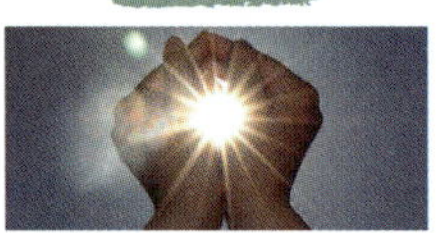

le soleil
Sonne

le nuage
Wolke

le brouillard
Nebel

le champ
Feld

le coquelicot
Mohnblume

blanc(-che)
weiß

la neige
Schnee

bleu(e)
blau

rouge
rot

gris(e)
grau

jaune
gelb

Tr. 42

- Tu viens souvent ici, toi ?
- ◎ Oui, j'adore les impressionnistes !
- Alors, tu dois être au paradis ici !
- ◎ Oui, j'aime leurs paysages, particulièrement les ciels de Monet. Regarde ce ciel d'été avec ses nuages blancs au-dessus du champs de coquelicots. C'est magnifique.
- C'est vrai.
- ◎ Ou ce soleil d'automne qui traverse le brouillard devant le parlement de Londres. Ou ici, regarde le ciel d'hiver presque blanc de ce paysage de neige. C'est si lumineux.
- Moi, je préfère les couleurs plus intenses et plus chaudes de Van Gogh. Regarde ce champ jaune sous le soleil de midi et ce ciel bleu azur ! Ou l'amandier en fleur de Bonnard !
- ◎ Mais Pierre Bonnard n'est pas un impressionniste !
- Je sais, mais j'adore sa peinture. Regarde les couleurs de cet arbre au printemps !
- ◎ Oui, d'accord, c'est beau. Mais je trouve les ciels de Monet plus réels. Regarde ce ciel gris derrière la gare Saint-Lazare, ce n'est pas un vrai ciel parisien, ça ?
- Bien sûr. Mais chacun ses goûts !

1 Such aus der Wortschlange beschreibende Wortgruppen heraus und trage sie jeweils unter einem Bild ein.

Sehen

UNEMERBLEUEUNBROUILLARDROSEUNCHAMPJAUNE

1. ______________________

2. ______________________

3. ______________________

2 Ordne folgende Ausdrücke rund um das Wetter der passenden Jahreszeit zu.
Classe les expressions suivantes pour la météo par saison.

* Il fait chaud.	* *Es ist warm.*
* Il fait froid.	* *Es ist kalt.*
* Il fait gris.	* *Es ist grau. / Es ist trübes Wetter.*
* Il fait beau.	* *Es ist schön. / Es ist schönes Wetter.*
* Il y a du brouillard.	* *Es gibt Nebel. / Es ist neblig.*
* Il y a de la neige.	* *Es liegt Schnee.*
* Il y a du soleil.	* *Die Sonne scheint.*
* Les arbres sont en fleurs.	* *Die Bäume blühen.*
* Les arbres sont jaunes et rouges.	* *Die Bäume sind gelb und rot.*
* Les champs sont blancs.	* *Die Felder sind weiß.*

au printemps	**en été**
en automne	**en hiver**

3 Wie ist das Wetter auf den einzelnen Bildern? Ergänze die folgenden Aussagen.
Quel temps fait-il sur chaque image ? Complète les phrases au-dessous.

sehen

1. ______________________________
et il pleut.

2. Il fait beau mais ______________________________
____

3. Il y a du soleil, ______________________________
____

4. Il fait froid et ______________________________
____

ÜBER DAS WETTER SPRECHEN

Bei Adjektiven benützt man das Verb **faire:**

Il fait chaud/froid/frais (*frisch*)/beau/mauvais (*schlecht*)/gris.

POUR PARLER DE LA MÉTÉO

Bei Substantiven benützt man: **il y a**

Il y a du soleil / du brouillard / des nuages / du vent (*Wind*).

Manchmal gibt es auch ein Verb:

Il y a de la neige ➡ **Il neige.**

Il y a de la pluie ➡ **Il pleut.**

Und wie ist das Wetter bei dir heute? **Quel temps il fait aujourd'hui chez toi ?**

Aujourd'hui, il fait ____

Il y a ____

La liaison

Du hast sicher bemerkt, dass bei französischen Wörtern der letzte Konsonant in der Regel nicht ausgesprochen wird, besonders, wenn es ein **s**, ein **n**, ein **t** oder ein **d** ist: mo**n** champ, les fleur**s**, l'appartemen**t** oder le brouillar**d**.

Aber in manchen Fällen spricht man den Endkonsonanten eines Wortes, nämlich immer dann, wenn das darauffolgende Wort mit einem stummen h oder einem Vokal anfängt. Dieses Binden der Wörter nennt man **liaison**:

Artikel + **Nomen**	Subjektpronomen (on, nous, vous, ils, elles) + **Verb**	Adjektiv + **Nomen**	Adverb (très, trop, etc.) + **Adjektiv**
⬇	⬇	⬇	⬇
ces_arbres un_impression-niste	ils_aiment	mon petit_appar-tement	très_intense

hören

Tr. 43

Lies folgende Sätze laut vor und achte dabei besonders auf die Liaison (_). Überprüfe deine Aussprache mit der Audiodatei. Wenn du den Eindruck hast, die Sätze gut zu meistern, dann nimm dich mit deinem Smartphone selbst auf. Vergleiche deine Aufnahme mit der Audiodatei. Du kannst das schon sehr gut, oder?

* Les_impressionnistes aiment les grands_arbres.
* Ils_adorent les_étés très_intenses.

REZEPT

La tapenade d'olives vertes

GRÜNE OLIVENPASTE

Schmecken

Die Impressionisten malten gerne draußen in der Natur, um das besondere Licht mit dem Pinsel auf der Leinwand einzufangen. Wir wollen es den Malern heute gleichtun und unsere Zeit im Freien verbringen, **en plein air**. Damit du die Natur in vollen Zügen genießen kannst, nimm doch ein Picknick mit! Und um deinem Picknick eine französiche Note zu verleihen, stellen wir dir das Rezept eines Klassikers vor: **la tapenade,** eine Olivenpaste, die man auf sein Brot streichen kann. Allerdings schmeckt sie auch zum Aperitif hervorragend.
Bon pique-nique !

Zutaten:

3 filets d'anchois - **1** cuillère à soupe de câpres - **1** gousse d'ail écrasée - **1** pincée de poivre - **200g** d'olive vertes dénoyautés - **5** cuillères à soupe d'huile d'olive - **1** peu de jus de citron

1. Réduire les filets d'anchois, les câpres, l'ail et le poivre en purée. *Die Sardellenfilets, die Kapern, den Knoblauch und den Pfeffer miteinander pürieren.*
2. Ajouter les olives et réduire à nouveau en purée. *Die Oliven hinzufügen und erneut pürieren.*
3. Ajouter l'huile d'olive et le jus de citron à la préparation. Il n'est pas nécessaire de saler, car plusieurs ingrédients sont déjà très salés. *Das Olivenöl und den Zitronensaft dazu mischen. Salzen ist nicht notwendig, da mehrere Zutaten schon sehr salzig sind.*
4. Tartiner sur le pain et déguster ! *Auf das Brot streichen und genießen!*

des anchois (m) *Sardellen*
des câpres (f) *Kapern*
une gousse d'ail *Knoblauchzehe*
une olive verte *grüne Olive*
le jus *Saft*

Der Demonstrativbegleiter

Um auf Französisch auf etwas Bestimmtes hinzuweisen, braucht man einen Demonstrativbegleiter, der sich in Geschlecht und Zahl an das Substantiv, vor dem er steht, anpasst. Hier die verschiedenen Formen.

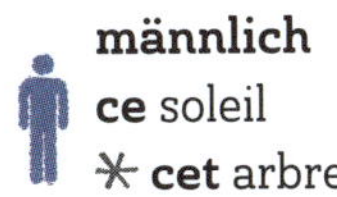

männlich
ce soleil
✳ **cet** arbre

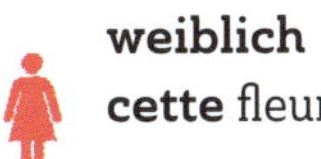

weiblich
cette fleur

Plural (Mehrzahl)
ces soleils
ces fleurs

➡ Wenn das Substantiv mit „h" oder mit einem Vokal anfängt, wird die männliche Sonderform **cet** verwendet.

6 hören Tr. 44

Höre dir folgende Sätze an und ergänze den passenden Demonstrativbegleiter. Unterscheide zwischen Einzahl und Mehrzahl.

1. Nous adorons ________ neige blanche.
2. Elles regardent ________ ciel d'été bleu.
3. ________ arbre en fleur est magnifique.
4. Ils aiment ________ arbres rouges de l'automne.

7 sehen Tr. 42

Um welches Gemälde handelt es sich? Höre den Dialog noch einmal an und verbinde die Aussagen mit dem passenden Gemälde.

___ **A** « ce ciel d'été avec ses nuages blancs au-dessus du champs de coquelicots »

___ **B** « ce soleil d'automne le soir qui traverse le brouillard devant le parlement de Londres »

___ **C** « cette maison jaune sous le soleil de midi et ce ciel bleu azur »

___ **D** « le ciel d'hiver presque blanc de ce paysage de neige »

Quel/Quelle/Quels/Quelles *(Was für ein(e)/Welch)*

Um dein Erstaunen oder Entsetzen auszudrücken, kannst du die angeglichene Form von **quel** anstelle des Artikels vor das Substantiv setzen.

männlich	weiblich	männlich Plural	weiblich Plural
Quel paysage ! 	**Quelle belle rivière !**	**Quels beaux arbres !**	 **Quelles magnifiques fleurs !**

8 Sehen

Jetzt bist du im **Musée d'Orsay** und äußerst deine Meinung zu den Gemälden. Hier sind ein paar mögliche Reaktionen. Setz sie unter den Bildern ein.

* Quel beau tableau ! * Quel talent ! * Quels beaux arbres ! * Quelle horreur ! * Quelles couleurs ! * Quelle nature ! * Quelle merveille ! * Quel paysage ! * Quelles fleurs magnifiques ! * Quel ciel ! * Quel scandale ! * Quelle belle femme ! * Quelle bonne atmosphère !

1. ______________________

2. ______________________

3. ______________________

4. ______________________

fühlen

Hier kannst du selbst deine Kunst ausüben und eine tolle Landschaft von Van Gogh nachmalen. Ob mit Filzstift, Aquarell-, Acryl- oder Ölfarben – wie es dir am besten gefällt! Wir helfen dir bei der Farbauswahl, indem wir die Farben unten schon aufgelistet haben. Gutes Gelingen!

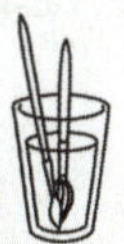

- jaune clair / hellgelb
- jaune foncé / dunkelgelb
- bleu clair / hellblau
- bleu foncé / dunkelblau
- vert clair / hellgrün
- vert foncé / dunkelgrün
- blanc / weiß
- blanc crème / cremeweiß
- noir / schwarz
- marron / braun
- rouge / rot

Lösungen

1. 1. une mer bleue; 2. un brouillard rose; 3. un champ jaune
2. Individuelle Lösungen, z.B.
Au printemps : Il fait beau. Il y a du soleil. Les arbres sont en fleurs.
En été : Il fait beau. Il fait chaud. Il y a du soleil.
En automne : Il fait gris. Il y a du brouillard. Les arbres sont jaunes et rouges.
En hiver : Il fait froid. Il fait gris. Il y a de la neige. Les champs sont blancs.
3. 1. Il fait gris et il pleut.; 2. Il fait beau mais il y a de la neige.; 3. Il y a du soleil, il fait chaud.; 4. Il fait froid et il y a du brouillard.
4. Individuelle Lösungen, z.B. Aujourd'hui, il fait beau. Il y a du soleil.
6. 1. cette; 2. ce; 3. cet; 4. ces
7. 1C; 2D; 3B; 4A

Transkriptionen

TR. 42
- *Kommst du oft hierher?*
- *Ja, ich liebe die Impressionisten!*
- *Dann musst du hier im Paradies sein!*
- *Ja, ich mag ihre Landschaften, besonders die Himmel von Monet. Schau dir diesen Sommerhimmel mit den weißen Wolken über dem Mohnfeld an. Das ist wunderschön.*
- *Das stimmt.*
- *Oder diese Herbstsonne, die vor dem Parlament in London durch den Nebel bricht. Oder hier, schau dir den fast weißen Winterhimmel über dieser Schneelandschaft an. Das ist so leuchtend.*
- *Ich selbst bevorzuge die intensiveren und wärmeren Farben von Van Gogh. Schau dir dieses gelbe Feld in der Mittagssonne und diesen azurblauen Himmel an! Oder den blühenden Mandelbaum von Bonnard!*
- *Aber Pierre Bonnard ist kein Impressionist!*
- *Ich weiß, aber ich liebe seine Malerei. Schau dir die Farben dieses Baumes im Frühling an!*
- *Ja, stimmt, das ist schön. Aber ich finde die Himmel von Monet echter. Schau dir den grauen Himmel hinter dem Bahnhof Saint-Lazare an, ist das nicht ein echter Pariser Himmel?*
- *Sicherlich. Aber jeder hat seinen eigenen Geschmack!*

TR. 43
Die Impressionisten lieben große Bäume.
Sie lieben sehr intensive Sommer.

TR. 44
1. Nous adorons cette neige blanche.
2. Elles regardent ce ciel d'été bleu.
3. Cet arbre en fleur est magnifique.
4. Ils aiment ces arbres rouges de l'automne.

1. Wir lieben diesen weißen Schnee.
2. Sie schauen auf diesen blauen Sommerhimmel.
3. Dieser blühende Baum ist wunderschön.
4. Sie lieben diese roten Herbstbäume.

Lektionswortschatz

le printemps	*Frühling*
l'été (m)	*Sommer*
l'automne (m)	*Herbst*
l'hiver (m)	*Winter*
le paysage	*Landschaft*
l'arbre (m)	*Baum*
l'amandier (m)	*Mandelbaum*
la fleur	*Blume*
le ciel	*Himmel*
le soleil	*Sonne*
le nuage	*Wolke*
le brouillard	*Nebel*
le champ	*Feld*
le coquelicot	*Mohnblume*
blanc(-che)	*weiß*
la neige	*Schnee*
bleu(e)	*blau*
rouge	*rot*
gris(e)	*grau*
jaune	*gelb*
souvent	*oft*
l'impressionniste (m/f)	*Impressionist(in)*
devoir	*müssen*
le paradis	*Paradies*
le paysage	*Landschaft*
particulièrement	*besonders*
au-dessus	*über*
le parlement	*Parlament*
Londres	*London*
presque	*fast*
lumineux(-euse)	*leuchtend*
préférer	*vorziehen, lieber mögen*
intense	*intensiv*
chaud(e)	*warm*
sous	*unter*
le midi	*Mittag*
bleu azur	*azurblau*
savoir	*wissen*
la peinture	*Malerei*
trouver	*finden*
réel	*echt, reell*
parisien(-ne)	*Pariser(-in)*
chacun(e)	*jede(r, s)*
le goût	*Geschmack*
rose	*rosafarben*
il pleut	*es regnet*
frais (fraîche)	*frisch*
mauvais(e)	*schlecht*
il neige	*es schneit*
le vent	*Wind*
aujourd'hui	*heute*
le grand-père	*Großvater*
actif(-ive)	*aktiv*
quel, quelle, quels, quelles	*welche(r, s)*
le temps	*Wetter*
l'appartement (m)	*Wohnung*
décorer	*dekorieren*
le tableau	*Bild*
l'horreur	*Horror*
la merveille	*Wunder*
l'atmosphère (f)	*Atmosphäre*
le talent	*Talent*
le scandale	*Skandal*
le bonheur	*Glück*
clair(e)	*hell*
foncé(e)	*dunkel*

LERNEN IST WISSEN WOLLEN

Der Wunsch, etwas zu lernen, bedeutet immer Neugierde und Lust, etwas zu entdecken. Genauso ist es beim Sprachenlernen. Hast du dich schon gefragt, warum du auf die französische Sprache neugierig bist? Welche Gefühle mit dieser Sprache verbunden sind? Versuche herauszufinden, was dir am Französischen gefällt, was dich beim Lernen bewegt und antreibt. Benütze diese Dynamik, um deinen Lernprozess zu unterstützen und das Neue positiv damit zu verknüpfen. Drücke zum Beispiel deine Gefühle, wenn du eine neue Vokabel oder eine neue Redewendung lernst, mit **quel** aus: **Quel bonheur ! Quelle horreur !**

Relaxation

ENTSPANNUNG

sehen

Suche dir zu Hause einen ruhigen Platz und setze dich ganz bequem hin. Wir machen jetzt eine Pause. Beim Lernen sind regelmäßige Pausen sehr produktiv. In dieser Lektion helfen wir dir, dich zu entspannen, um dann effizienter zu lernen. Öffne also alle deine Sinne und folge uns auf eine kleine Entspannungsreise. Zuerst kümmern wir uns mit einer kleinen Morgenaktivität um deinen Körper.

hören
Tr. 45

le corps
Körper

la tête
Kopf

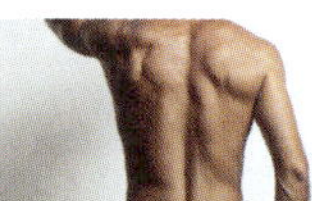

le dos
Rücken

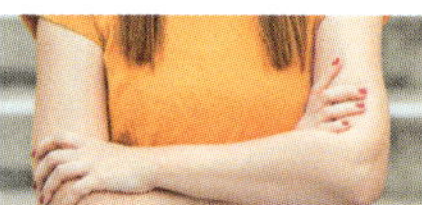

le bras
Arm

la main
Hand

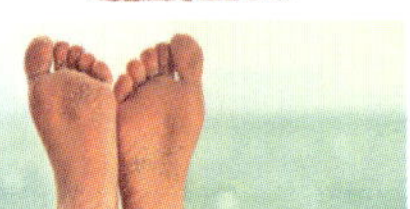

le pied
Fuß

la jambe
Bein

les fesses (f)
Po

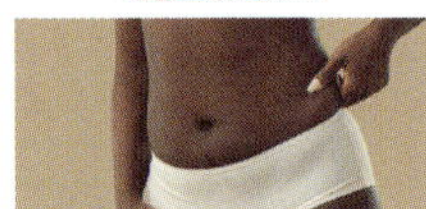

le ventre
Bauch

le sol
Boden

plier
beugen

déplier
ausstrecken

respirer
atmen

lever
heben

tomber
fallen

ouvrir
öffnen

être droit(e)
gerade sein

fort(e)
stark

lourd(e)
schwer

léger(-ère)
leicht

hören
Tr. 46

PETITE ACTIVITÉ DU MATIN

Kleine Morgenaktivität

Fais ce mouvement le matin pour être plus calme, plus fort et pour avoir plus d'énergie !

1

- Ton corps est comme une petite balle. Tes pieds sont sur le sol, tes jambes sont pliées. Tes bras tombent sur le sol et ta tête tombe sur tes jambes. Ton corps est lourd.

2

- Maintenant tu respires calmement. Tu déplies les jambes et tu lèves les fesses. Tes pieds sont toujours bien sur le sol.

3

- Tu respires toujours. Et tu continues. Tu lèves le dos et tu finis avec la tête. Maintenant, tes jambes sont droites, ton dos est droit, ta tête est droite. Ton corps est droit.

4

- Maintenant, mets la main droite contre la main gauche devant ton ventre et respire.

5

- Pour finir, tu respires fort et tu ouvres les bras et les mains. Tu lèves les bras au-dessus de la tête. Maintenant, tu es très léger/légère, grand(e), fort(e) et énergique.

sehen

Kannst du die verschiedenen Yogastellungen erkennen? Lies folgende Beschreibungen und suche die passenden Abbildungen dazu.

1. Les mains et les pieds sont sur le sol. Tu lèves les fesses, c'est le ______ .
2. Tu es bien droit sur ta jambe gauche. Le pied droit est sur la jambe gauche, la main droite est contre la main gauche au dessus de la tête, la tête droite, c'est le ______ .
3. La main droite et les pieds sont sur le sol. Tu lèves le bras gauche, c'est le ______ .
4. Le ventre et les jambes sur le sol, mets les bras devant et la tête bien droite, c'est le ______ .

le guerrier

l'équilibriste

le pont inversé

le flamant rose

l'aigle

le lotus

le pont

le danseur

le surfeur

2

hören

Tr. 47

Höre die drei Beschreibungen und finde heraus, um welche Positionen aus den Abbildungen es sich handelt.

1. C'est le ______ .
2. C'est l' ______ .
3. C'est le ______ .

3

fühlen

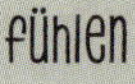

Tr. 47

Höre die Beschreibungen noch einmal und mache mit!

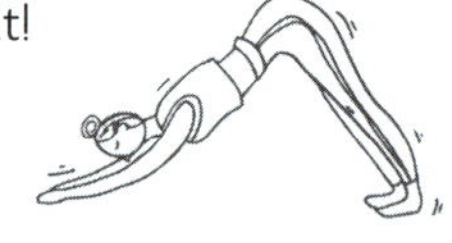

Die Verben im Präsens

➡ Du erinnerst dich sicher an die Verben mit Infinitiv auf **-er**, wie **respirer**. Mit Ausnahme von **aller** haben diese Verben immer folgende Endungen:

je respir**e**	tu respir**es**	il/elle/on respir**e**
nous respir**ons**	vous respir**ez**	ils/elles respir**ent**

➡ Inzwischen haben wir auch Verben gesehen, die auf **-ir** enden. Bei diesen Verben gibt es zwei verschiedene Typen. Der erste Verbtyp wie bei **partir** hat nur die Basisendungen: **-s, -s, -t, -ons, -ez, -ent**. Beim zweiten Verbtyp, z.B. bei **finir** oder **grandir**, wird bei den Pluralformen ein **-ss-** vor die Endung eingeschoben.

je par**s**	nous part**ons**	je fin**is**	nous fin**issons**
tu par**s**	vous part**ez**	tu fin**is**	vous fin**issez**
il/elle/on par**t**	ils/elles part**ent**	il/elle/on fin**it**	ils/elles fin**issent**

➡ Eine weitere französische Verbgruppe endet auf **-re** wie **mettre** oder **prendre.** Die Endung der dritten Person Singular ist meist ein **-t.** Sollte aber bereits ein **t** oder ein **d** vorhanden sein, fügt man kein zusätzliches **-t** hinzu.

je met**s**	nous mett**ons**	je prend**s**	nous pren**ons**
tu met**s**	vous mett**ez**	tu prend**s**	vous pren**ez**
il/elle/on me**t**	ils/elles mett**ent**	il/elle/on pren**d**	ils/elles prenn**ent**

Außerdem gibt es eine Reihe unregelmäßiger Verben, die man einfach lernen muss. Einige Verben wie **avoir**, **être**, **aller**, **faire**, **pouvoir** oder **vouloir** kennst du schon.

Erkenne in der Wortschlange die verschiedenen Verbformen und ordne sie dann in der Tabelle richtig ein. Manche Verbformen passen an zwei Stellen!

RESPIREZLÈVEPRENONSFINISMETPARTENT

je	tu	il/elle

nous	vous	ils/elles

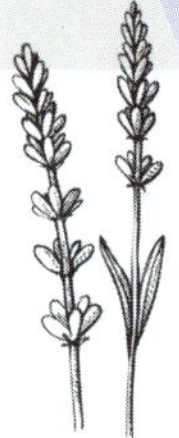

REZEPT

Citronnade à la lavande

LAVENDELLIMONADE

Schmecken

Die **Citronnade à la lavande** verdient einen Platz unter den besten Limonaden. Sie schmeckt nicht nur nach Urlaub in Südfrankreich, sondern ist auch erfrischend und beruhigend. Du kennst vielleicht die besonderen Eigenschaften von Lavendel. Er gilt als stress- und schmerzlindernd. Schnuppere ab und zu an der Duftkarte aus dem Buch, wenn du etwas Entspannung brauchst! Hier ist also ein leckeres und einfaches Rezept, um die Limonade zu jeder Tageszeit zu genießen!

Zutaten:

80g de sucre -
3 cuillères à soupe de fleur de lavande -
250 ml d'eau plate -
1 l d'eau gazeuse -
3 citrons

1. Faire bouillir l'eau plate avec le sucre quelques minutes pour que le sucre fonde. *Das stille Wasser mit dem Zucker einige Minuten kochen lassen, damit der Zucker schmilzt.*
2. Ajouter la lavande et laissez infuser 30 minutes. *Lavendel hinzugeben und 30 Minuten ziehen lassen.*
3. Laisser refroidir le sirop. *Den Sirup abkühlen lassen.*
4. Presser deux citrons et ajouter le jus au sirop. *Zwei Zitronen auspressen und den Saft zum Sirup geben.*
5. Ajouter l'eau gazeuse. *Das Sprudelwasser dazugeben.*
6. Décorer avec des rondelles de citron. *Mit Zitronenscheiben dekorieren.*
7. Servir bien frais. *Gut gekühlt servieren.*

l'eau plate/gazeuse *Mineralwasser ohne/mit Kohlensäure*
faire bouillir *zum Kochen bringen*
fondre *schmelzen*
ajouter *hinzufügen*
infuser *ziehen lassen*
laisser refroidir *abkühlen lassen*
presser *auspressen*
le jus *Saft*
décorer *schmücken*
une rondelle *Scheibe*
servir *servieren*

5 Ergänze folgende Sätze mit der passenden Verbform.

1. Vous ________________ (mettre) les mains sur le ventre et vous ________________ (respirer) profondément.
2. Nous ________________ (finir) notre mouvement bien droit, nous ________________ (ouvrir) les bras et nous ________________ (prendre) une grande respiration.
3. Elles ________________ (apprendre) des mouvements de Tai-chi le matin et ________________ (continuer) jusqu'à 13 heures.

Der Imperativ

Für Aufforderungen gibt es im Französischen wie im Deutschen den Imperativ. nur drei Verbformen: **tu**, **nous** und **vous**.
Chante ! Chantez ! Chantons !
Sing! Singen Sie! / Singt! Singen wir / Lasst uns singen!

➡ Den Imperativ zu bilden ist einfach. Nimm die drei notwendigen Verbformen und lasse jeweils das Personalpronomen weg.
Den einzigen Unterschied gibt es bei den Verben auf **-er.** Sie verlieren bei der zweiten Person Singular das **„s"** am Ende: **Tu chantes** ➡ **Chante !**

Pars !	**Chante !**
Partons !	**Chantons !**
Partez !	**Chantez !**

6 Höre die fünf Beispiele und kreuze an, ob es Aussagesätze im Präsens oder Imperative sind.

hören
Tr. 48

1. Aussagesatz im Präsens
   ○ A ○ B ○ C ○ D ○ E
2. Imperativ
   ○ A ○ B ○ C ○ D ○ E

7 Wähle zwei deiner Lieblingsyogapositionen aus. Suche dann jemanden, dem du die Anweisungen zu dieser Übung auf Französisch geben kannst. Verwende dabei den Imperativ und lass dich überraschen, was er oder sie macht!

____

____

UM ZU … / FÜR …

Wenn du erklären willst, zu welchem Zweck du etwas machst, verwendest du **pour**.

POUR…

Um etwas zu sein:

Je fais du sport pour être en forme.

Für etwas:

Je fais du sport pour ma santé.

8 hören Tr. 49

Was kannst du machen, um noch mehr zu entspannen? Und um deine Sinne zu verwöhnen? **Qu'est-ce que tu peux faire pour te relaxer ? Et pour le plaisir des sens ?** Hör die Vorschläge an und ordne die Ideen den Sinneswahrnehmungen zu. Versuche dann die ganzen Sätze nachzusprechen.

REGARDER Pour le plaisir des yeux...	**SENTIR** Pour le plaisir du nez...	**ECOUTER** Pour le plaisir des oreilles...
______	______	______
______	______	______
______	______	______

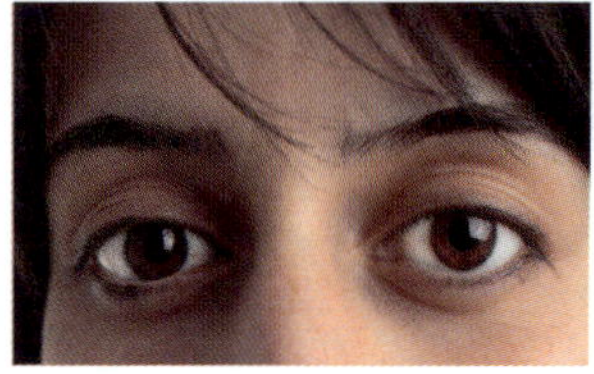

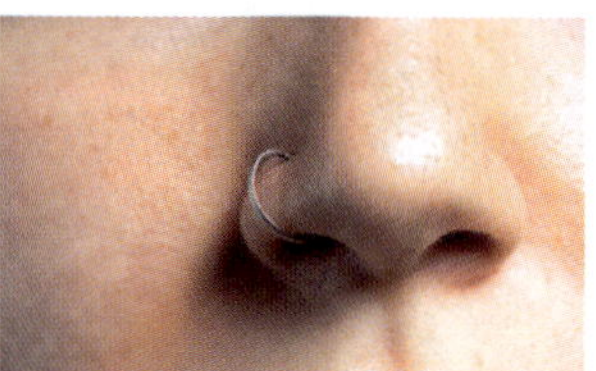

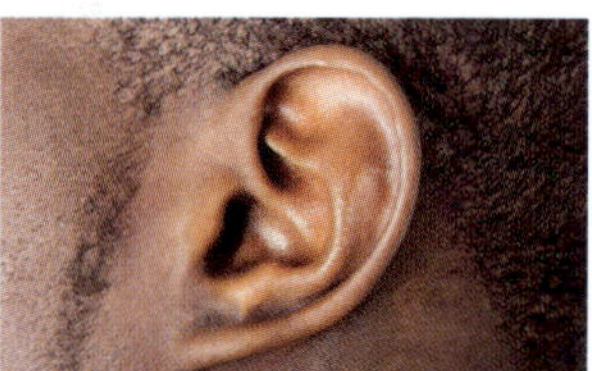

___ **A** Je peux mettre du parfum à la violette.
___ **B** Je peux regarder la mer.
___ **C** Je peux écouter du Chopin.
___ **D** Je peux regarder les montagnes.
___ **E** Je peux écouter la musique d'Éric Satie.
___ **F** Je peux sentir la carte parfumée à lavande.
___ **G** Je peux écouter la mer.
___ **H** Je peux colorer mon appartement en bleu ciel.
___ **I** Je peux sentir des croissants dans une boulangerie.

9

Fällt dir noch etwas ein, was du machen könntest, um deine Sinne zu verwöhnen oder zu entspannen?

1. Pour me relaxer, je peux ______.

2. Pour le plaisir des yeux, je peux ______.

10

fühlen

Jetzt kannst du herrlich Stress abbauen und beim Ausmalen dieses Mandalas richtig entspannen. Das Ausmalen soll sogar die Konzentration fördern! Versuche also das Mandala nach den folgenden Anweisungen zu kolorieren. Viel Spaß!
Ce mandala est comme une fleur. Colorie le centre de la fleur en jaune. Autour du jaune, mets du orange et du rouge. Alterne ensuite des nuances de bleu, de jaune. Colorie les pétales intérieurs avec des nuances d'orange et de rouge. Entre les pétales, mets du vert. Colorie la deuxième rangée de pétales en bleu et rose. Colorie les deux rangées de feuilles extérieures en pétales, l'une avec des nuances de vert et de rose et l'autre avec des nuances de vert et d'orange. Tu as fini ? Bravo ! Maintenant tu peux signer ton œuvre en bas à droite.

colorier *ausmalen*
autour *um*
alterner *abwechseln*
la rangée *Reihe*
la feuille *Blatt*
le centre *Zentrum*
la nuance *Nuance*
le pétale *Blütenblatt*
signer *unterschreiben*
l'œuvre *Kunstwerk*
en bas *unten*

ZEICHNEN UND LERNEN

Zeichnen und Malen sind hilfreich, um zu lernen. Versuche, die Kontur eines Mannes oder einer Frau zu zeichnen und sie dann zu beschriften, um die Wörter für die Körperteile zu lernen. Viel Erfolg!

Lösungen

1. 1. pont; 2. flamant rose; 3. danseur; 4. surfeur
2. 1. lotus; 2. équilibriste; 3. guerrier
4. je : lève, finis; tu : finis; il/elle : met, lève; nous : prenons; vous : respirez; ils/elles : partent
5. 1. mettez; respirez 2. finissons; ouvrons; prenons 3. apprennent; continuent
6. Aussagesatz: B; E; Imperativ: A; C; D
8. Regarder : B, D, H; Sentir : A, F, I; Écouter : C, E, G

Transkriptionen

TR. 46
Kleine Morgenaktivität
Mache diese Bewegung am Morgen, um ruhiger und stärker zu sein und mehr Energie zu haben!
1. Dein Körper ist wie ein kleiner Ball. Deine Füße stehen auf dem Boden, deine Beine sind gebeugt. Deine Arme fallen auf den Boden und dein Kopf fällt auf deine Beine. Dein Körper ist schwer.
2. Jetzt atmest du ruhig. Du streckst die Beine aus und hebst den Po an. Deine Füße stehen immer noch fest auf dem Boden.
3. Du atmest immer noch. Und du machst weiter. Du richtest dich auf und beendest die Bewegung mit dem Kopf. Jetzt sind deine Beine gerade, dein Rücken ist gerade, dein Kopf ist gerade. Dein Körper ist gerade.
4. Jetzt drückst du die rechte Hand vor deinem Bauch gegen die linke Hand und atmest.
5. Zum Schluss atmest du tief und öffnest deine Arme und Hände. Du hebst die Arme über den Kopf. Jetzt bist du sehr leicht, groß, stark und energiegeladen.

TR. 47

1. Les fesses sur le sol, les jambes sont pliées, le pied droit est sur la jambe gauche et le pied gauche et sur la jambe droite. Les mains sont sur les jambes et la tête est bien droite.	*1. Der Po auf dem Boden, die Beine sind angewinkelt, der rechte Fuß liegt auf dem linken Bein und der linke Fuß liegt auf dem rechten Bein. Die Hände liegen auf den Beinen und der Kopf ist gerade.*
2. Le pied droit est sur le sol et le pied gauche en l'air. La main droite est sur le sol. Le bras gauche est en l'air. La tête est bien droite.	*2. Der linke Fuß steht auf dem Boden und der rechte Fuß ist in die Luft gestreckt. Die rechte Hand ist auf dem Boden. Der linke Arm ist in der Luft. Der Kopf ist gerade.*
3. Les deux pieds sur le sol, une jambe devant, une jambe derrière. Les deux bras sont au dessus de la tête.	*3. Beide Füße stehen auf dem Boden, ein Bein steht vorne, ein Bein hinten. Beide Arme sind über den Kopf gestreckt.*

TR. 48

A Prends ton parapluie !	*A Nimm deinen Regenschirm mit!*
B Vous venez avec nous.	*B Sie kommen mit uns. / Ihr kommt mit uns.*
C Allons au cinéma !	*C Gehen wir ins Kino!*
D Partez maintenant !	*D Gehen Sie jetzt! / Geht jetzt*
E Tu chantes pour tes grands-parents.	*E Du singst für deine Großeltern.*

TR. 49
A Ich kann Veilchenparfüm auftragen.
B Ich kann auf das Meer schauen.
C Ich kann Chopin hören.
D Ich kann die Berge anschauen.
E Ich kann die Musik von Éric Satie hören.
F Ich kann an der Lavendelduftkarte riechen.
G Ich kann dem Meer zuhören.
H Ich kann meine Wohnung hellblau streichen.
I Ich kann Croissants in einer Bäckerei riechen.

Lektionswortschatz

le corps	*Körper*
la tête	*Kopf*
le dos	*Rücken*
le bras	*Arm*
la main	*Hand*
le pied	*Fuß*
la jambe	*Bein*
les fesses (f)	*Po*
le ventre	*Bauch*
le sol	*Boden*
plier	*beugen*
déplier	*ausstrecken*
respirer	*atmen*
lever	*heben*
tomber	*fallen*
ouvrir	*öffnen*
être droit(e)	*gerade sein*
fort(e)	*stark*
lourd(e)	*schwer*
léger(-ère)	*leicht*
l'activité (f)	*Aktivität*
le matin	*Morgen*
le mouvement	*Bewegung*
plus	*mehr*
calme	*ruhig*
l'énergie (f)	*Energie*
la balle	*Ball*
maintenant	*jetzt*
calmement	*ruhig*
finir	*beenden*
mettre	*stellen/legen/tun*
contre	*gegen*
au-dessus de	*über*
énergique	*energiegeladen*
profondément	*tief*
le flamant rose	*Flamingo*
le/la danseur(-euse)	*Tänzer(in)*
le/la surfeur(-euse)	*Surfer(in)*
le lotus	*Lotus*
l'équilibriste	*Seiltänzer(in)*
le/la guerrier(-ière)	*Krieger(in)*
la respiration	*Atmung*
apprendre	*lernen*
être en forme	*fit sein*
la santé	*Gesundheit*
se relaxer	*sich entspannen*
le sens	*Sinn*
le plaisir	*Vergnügen*
la violette	*Veilchen*
la carte parfumée	*Duftkarte*
la lavande	*Lavendel*
colorer	*hier: streichen*
les yeux	*Augen*
le nez	*Nase*
les oreilles	*Ohren*
orange	*orange*
rose	*rosa*

Mode de Paris

PARISER MODE

sehen

Mode ist eine Kunst, ein Kult des Schönen, ein Spiegel ihrer Zeit. Selbst wenn wir sie uns nicht leisten können, bleibt sie ein Genuss für die Augen, ein Fest der Sinnlichkeit, der Farben, Formen und Materialien. Setze dich bequem hin. Das Licht ist gedämpft. Im Hintergrund spielt ruhige Musik. Nur die Bühne glänzt unter dem stilvollen Licht. Gleich geht es los!

hören
Tr. 50

la tenue
Outfit

la collection
Modekollektion

la jupe
Rock

le pantalon
Hose

la chemise
Hemd

le chemisier
Bluse

les bottes (f)
Stiefel

les chaussures (f)
Schuhe

le bonnet
Mütze

la veste
Jacke

le costume
Anzug

le manteau
Mantel

en laine
aus Wolle

en cuir
aus Leder

porter
tragen

chaud(e)
warm

court(e)
kurz

long(-ue)
lang

large
weit

serré(e)
eng

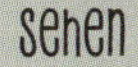

hören
Tr. 51

- Tu aimes bien les bottes rouges ?
- ◎ Non ! Moi, je les aime en bleu.
- En bleu ?! Où tu les vois en bleu, toi ?
- ◎ Regarde l'homme derrière avec le costume en plastique orange. Il les a en bleu.
- C'est original ce costume, c'est chic avec cette veste trop large et ce pantalon très serré ! Tu ne veux pas un costume comme ça pour aller au bureau ?
- ◎ Quoi ?! Quelle horreur ! Un costume orange ! Éventuellement pour le carnaval ! Mais pour le bureau, non !
- Mais, je sais bien que tu portes toujours des costumes gris classiques et des chemises blanches ! Tu n'as pas d'humour !

1 Packe die Koffer mit den Kleidungsstücken, die zur jeweiligen Reise passen.

sehen

Nice, du 20 au 25 juillet

Paris, du 29 au 31 Mars

Montréal, le 1er janvier

1. un chapeau

2. des bottes

3. un pull

4. une jupe

5. une robe

6. un pantalon

7. des chaussures

8. un costume

9. un maillot de bain

10. une veste

11. un bonnet

12. un manteau

2

hören
Tr. 52

Du bist bei einer Modenschau. Schau dir die Bilder der Models an und höre dabei die Beschreibungen. Um welches Model handelt es sich? Trage auf dem Bild den Buchstaben der Beschreibung ein und notiere unter dem Bild die Wörter, die du beim Hören erkannt hast.

1. ______________________

2. ______________________

3. ______________________

4. ______________________

3

hören
Tr. 53

Und jetzt ein wenig Aussprache! Erkennst du den Unterschied zwischen dem stimmlosen „sch", das im Französischen „ch" geschrieben wird und wie das deutsche „sch" gesprochen wird, und dem stimmhaften „sch", das im Französichen „j" oder „g" geschrieben und wie in *Journalist* gesprochen wird? Höre folgende Wörter und kreuze an, welchen Laut du darin erkennst.

	CH	J/G		CH	J/G
1.	○	○	**5.**	○	○
2.	○	○	**6.**	○	○
3.	○	○	**7.**	○	○
4.	○	○	**8.**	○	○

Das Verb und seine Ergänzungen

Nach dem Verb steht häufig eine Ergänzung, ein Objekt.

Il aime le chocolat.	*Er mag Schokolade.*

Diese Ergänzung kann direkt nach dem Verb stehen wie hier. Sie entspricht dem deutschen Akkusativ: *Wen oder was mag er? Schokolade.*

Je parle à une fille.	*Ich spreche mit einem Mädchen.*

Die Ergänzung kann aber auch indirekt und mit einer Präposition angeschlossen sein. Diese Ergänzung entspricht dann dem deutschen Dativ: *Mit wem spreche ich? Mit einem Mädchen.*
Die Verben im Französischen haben oft eine andere Ergänzung als im Deutschen, z.B.:

attendre quelqu'un/quelque chose (ohne Präposition)
auf jemanden/etwas warten (mit Präposition)

4 Setze die Wörter in die richtige Reihenfolge.

1. une ⁎ porte ⁎ Jeanne ⁎ robe ⁎ et ⁎ manteau ⁎ un ⁎ grise ⁎ bleu

Jeanne ______________________________

2. téléphonent ⁎ Laurence ⁎ à ⁎ leur ⁎ Marie ⁎ et ⁎ frère

Marie et Laurence ______________________________

Direkte Objektpronomen

Das direkte Objekt kann auch durch ein Pronomen ersetzt werden:

Le lundi, je porte ce costume. *Am Montag trage ich diesen Anzug.*	➡	**Le lundi, je le porte.** *Am Montag trage ich ihn.*
Je préfère la robe bleue *Ich bevorzuge das blaue Kleid.*	➡	**Je la préfère.** *Ich bevorzuge es.*
J'aime mes chaussures. *Ich liebe meine Schuhe.*	➡	**Je les aime.** *Ich liebe sie.*

Direkte Objekte ersetzt man mit folgenden Pronomen:

männlich Singular ➡ le/l'   weiblich Singular ➡ la/l'   Plural ➡ les

Das Objektpronomen steht immer direkt vor dem Verb, auch wenn dieses verneint ist: **Je ne l'aime pas**.

REZEPT

Tartare de saumon à l'avocat

LACHSTATAR MIT AVOCADO

SCHMECKEN

Um deinen Gaumen zu verwöhnen, findest du hier ein erlesenes Rezept aus Martinique. Dieses Fischgericht ist vom Beef Tartar inspiriert, einem Klassiker der französischen Küche, bei dem das Fleisch roh gegessen wird. Die hier vorgestellte Version mit Lachs von der wunderschönen Insel Martinique verleiht diesem Rezept eine raffinierte und erfrischende Note. Genieße es. **Régale-toi !**

Zutaten:

250g de saumon frais - **1** tomate - **1** oignon - **2** avocats - **1** piment rouge - **2** cuillères à soupe de sauce de soja - **1** cuillère à soupe d'huile de sésame - **1/4** de citron vert

1. Découper le saumon en petits cubes et le mettre dans un saladier.
   Den Lachs in kleine Würfel schneiden und in eine Schüssel geben.
2. Ajouter la tomate, l'oignon, l'avocat et le piment coupés aussi en petits cubes.
   Die ebenfalls klein geschnittenen Tomaten, Zwiebel, Avocados und die Chilischote dazugeben.
3. Assaisonner avec la sauce de soja, l'huile de sésame et le citron vert. Bien mélanger et mettre au frais.
   Mit Sojasauce, Sesamöl und Limette würzen. Gut verrühren und kühl stellen.
4. Servir bien frais !
   Gut gekühlt servieren!

un saumon *Lachs*
un avocat *Avocado*
un citron vert *Limette*
l'huile de sésame *Sesamöl*
la sauce de soja *Sojasauce*
un oignon *Zwiebel*
un piment rouge *Chilischote*

5 Jetzt kannst du die Objektpronomen üben. Ersetze das fettgedruckte Objekt durch ein Pronomen und schreibe den Satz mit dem Pronomen auf.

1. J'adore **cette robe**. ➡ ______
2. Il veut **le pantalon vert**. ➡ ______
3. Elle achète **le manteau gris**. ➡ ______
4. Ils détestent **les costumes bleus**. ➡ ______
5. Nous prenons toujours **ces chaussures**. ➡ ______
6. Elle porte **le maillot de bain rouge**. ➡ ______

WIE FINDEST DU ETWAS?

Um auszudrücken, wie du etwas findest, kannst du folgenden Ausdruck benützen:

Je trouve cette robe magnifique. *Ich finde dieses Kleid wunderschön.*

trouver + die betroffene Sache/Person + das gewünschte Eigenschaftswort

Mit Wörtern wie **trop** und **très** kannst du nuancieren:

Je trouve ce pantalon *trop* **grand**. *Ich finde diese Hose* ***zu*** *groß.*

Je trouve cette jupe *très* **élégante**. *Ich finde diesen Rock* ***sehr*** *schön.*

6 Höre folgende Aussagen an. Finde heraus, zu welchem Bild sie passen und trage den Buchstaben der Aussage unter dem Bild ein.

hören
Tr. 54

Höre dann die Aussagen noch einmal an. Entscheide, ob sie positiv oder negativ sind. Trage ein P für positiv und ein N für negativ unter dem Bild ein.

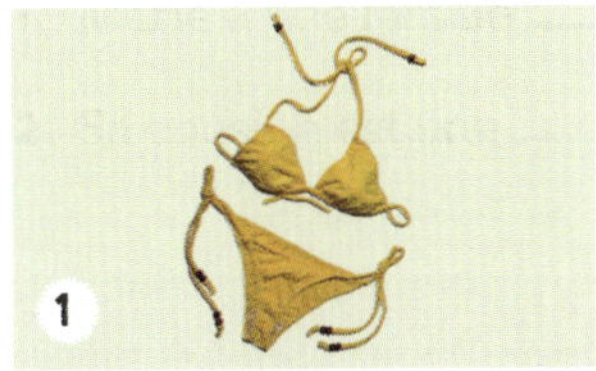

1 ______

2 ______

3 ______

4 ______

5 ______

6 ______

ÇA VA ENSEMBLE OU PAS ?

Wenn du fragen möchtest, ob Sachen zusammen passen, benützt du:

Ça va ensemble ? *Passt das zusammen?*

Wenn du sagen willst, dass ein Kleidungsstück zum anderen passt, verwendest du auch **aller**.

Le t-shirt va avec le pantalon. *Das T-Shirt passt zur Hose.*

Wenn etwas nicht zusammenpasst, sagt man:

Le t-shirt ne va pas avec la jupe. *Das T-Shirt passt nicht zum Rock.*

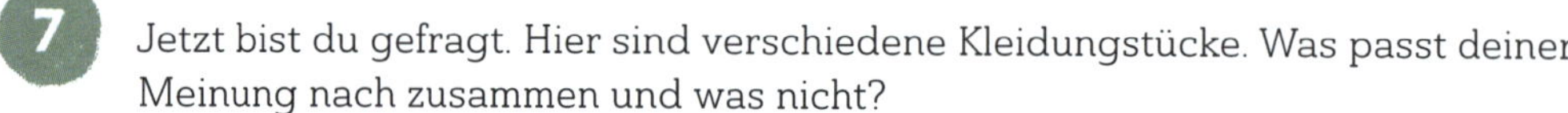

7 Jetzt bist du gefragt. Hier sind verschiedene Kleidungsstücke. Was passt deiner Meinung nach zusammen und was nicht?

1. Qu'est-ce qui va ensemble ?

____

____

2. Qu'est-ce qui ne va pas ensemble ?

____

____

8 Jetzt gehst du shoppen! Was bedeuten folgende Aussagen, die du beim Kleiderkaufen brauchen kannst? Verbinde mit der richtigen Übersetzung.

1. Combien coûte cette jupe ? •	**A** Kann ich diese Hose anprobieren?
2. Je peux essayer ce pantalon ? •	**B** Haben Sie das gleiche Kleid in blau?
3. Vous avez la même robe en bleu ? •	**C** Passt das gut zu meiner Bluse?
4. Ça va bien avec mon chemisier ? •	**D** Wie viel kostet dieser Rock?

fühlen

Lass jetzt deiner Kreativität freien Lauf und entwirf deine eigene Kollektion! Um dich inspieren zu lassen, kannst du im Internet nach Kreationen von Dior, Chanel, Yves Saint-Laurent, Jean-Paul Gaultier, Sonia Rykiel oder Hedi Slimane suchen. Nimm Papier, bunte Stifte, eine Schere, alte Zeitschriften und Klebstoff. Schneide aus, füge zusammen, zeichne Details und klebe alles zusammen. Entwirf mindestens drei originelle Modelle. Beschrifte sie dann auf Französisch. Du bist den größten französischen Designern sicher gewachsen!

Hier sind noch ein paar Accessoires und Ideen für peppige Details!

1. un chapeau de paille

2. une cravate

3. des sandales

4. un foulard

5. doré

6. uni

7. multicolore

8. à rayures

9. à carreaux

10. à fleurs

11. à pois

12. transparent

13. un sac

14. un bijou

15. en dentelle

16. en velours

Lösungen

1. Lösungsvorschlag:
Nice : des chaussures; une jupe; une robe; un maillot de bain; un chapeau
Paris : des bottes; un pull; une jupe; un pantalon; un costume; une veste; une robe; des chaussures
Montréal : un pantalon; un pull; un bonnet; des chaussures; un manteau; des bottes
2. 1. – Text C: un pull rouge et noir; un bonnet; un pantalon en plastique noir
2. – Text D : une chemise jaune; une veste orange clair; un pantalon bleu et blanc; des chaussures de sport blanches
3. – Text A: un petit pull noir; une jupe grise; un manteau rouge; des gants; un sac à main; des grandes bottes
4. – Text B: un costume orange et bleu; une veste orange; un gilet orange et blanc; un pantalon de costume bleu; une chemise blanche; une cravate bleue
3. CH : 1, 4, 5, 8
J/G : 2, 3, 6, 7
4. 1. Jeanne porte une robe grise et un manteau bleu. Oder: Jeanne porte un manteau bleu et une robe grise.
2. Marie et Laurence téléphonent à leur frère.
5. 1. Je l'adore. 2. Il le veut. 3.Elle l'achète. 4. Ils les détestent. 5. Nous les prenons toujours.
6. Elle le porte.
6. 1F, N; 2E, N; 3D, P; 4C, P; 5B, P; 6A, N
8. 1D; 2A; 3B; 4C

Transkriptionen

TR. 51

- *Gefallen dir die roten Stiefel?*
- *Nein! Ich mag sie in Blau.*
- *In Blau?! Wo siehst du sie in Blau?*
- *Schau dir den Mann dahinter mit dem orangefarbenen Plastikanzug an. Er hat sie in Blau.*
- *Dieser Anzug ist originell, das ist schick mit dieser zu weiten Jacke und der sehr engen Hose! Willst du nicht auch so einen Anzug haben, um ins Büro zu gehen?*
- *Was?! Wie schrecklich! Einen orangefarbenen Anzug! Eventuell für den Karneval! Aber für das Büro, nein!*
- *Aber ich weiß doch, dass du immer klassische graue Anzüge und weiße Hemden trägst! Du hast keinen Humor!*

TR. 52

A Le modèle porte un petit pull noir et une jupe grise courte avec un manteau rouge. Elle a des gants, des grandes bottes et un sac à main en cuir noir.	*A Das Model trägt einen dünnen schwarzen Pullover und einen kurzen grauen Rock mit einem roten Mantel. Sie trägt Handschuhe, hohe Stiefel und eine schwarze Lederhandtasche.*
B Le modèle porte un costume orange et bleu. La veste est orange et le gilet à rayures orange et blanches. Le pantalon de costume est bleu. Il porte une chemise blanche avec une cravate bleue comme son pantalon.	*B Das Model trägt einen orangefarbenen und blauen Anzug. Die Jacke ist orange und die Weste orange-weiß gestreift. Die Anzughose ist blau. Er trägt ein weißes Hemd mit einer Krawatte, die wie die Hose blau ist.*
C Le modèle porte un pull rouge et noir large, un bonnet bizarre et un pantalon serré en plastique noir.	*C Das Model trägt einen weiten rot-schwarzen Pullover, eine komische Mütze und eine enge schwarze Plastikhose.*
D Le modèle porte une chemise jaune et une veste orange clair longue avec un pantalon à rayures bleues et blanches. Il a des chaussures de sport blanches en cuir.	*D Das Model trägt ein gelbes Hemd und eine lange hellorangefarbene Jacke mit einer blau-weiß gestreiften Hose. Er trägt weiße Ledersportschuhe.*

TR. 53

1. une chemise; 2. argenté; 3. une jupe; 4. des chaussures; 5. un chapeau; 6. large; 7. rouge; 8. chaud

1. ein Hemd; 2. silberfarben; 3. ein Rock; 4. Schuhe; 5. ein Hut; 6. breit; 7. rot; 8. warm

TR. 54

A Je trouve cette robe noire trop classique.	*A Ich finde dieses schwarze Kleid zu klassisch.*
B Je trouve ce pantalon trop court.	*B Ich finde diese Hose zu kurz.*
C Je trouve ce manteau très beau.	*C Ich finde diesen Mantel sehr schön.*
D Je trouve ce costume très élégant.	*D Ich finde dieses Kostüm sehr elegant.*
E Je trouve ces chaussures très chics.	*E Ich finde diese Schuhe sehr schick.*
F Je trouve ce maillot de bain trop petit.	*F Ich finde diesen Badeanzug zu klein.*

Lektionswortschatz

la tenue	*Outfit, Kleidung*
la collection	*(Mode-)Kollektion*
la jupe	*Rock*
le pantalon	*Hose*
la chemise	*Hemd*
le chemisier	*Bluse*
les bottes (f)	*Stiefel*
les chaussures (f)	*Schuhe*
le bonnet	*Mütze*
la veste	*Weste*
le costume	*Anzug*
le manteau	*Mantel*
en laine	*aus Wolle*
en cuir	*aus Leder*
porter	*tragen*
chaud(e)	*warm*
court(e)	*kurz*
long(-ue)	*lang*
large	*breit*
serré(e)	*eng*
bienvenue	*willkommen*
le défilé	*Modenschau*
commencer	*beginnen*
futuriste	*futuristisch*
le modèle	*Model*
noir(e)	*schwarz*
le chapeau	*Hut*
en plastique	*aus Kunststoff*
l'élégance (f)	*Eleganz*
original(e)	*originell*
chic	*schick*
le bureau	*Büro*
éventuellement	*eventuell*
le carnaval	*Karneval*
classique	*klassisch*
l'humour (m)	*Humor*
le maillot de bain	*Badeanzug*
le pull	*Pullover*
la robe	*Kleid*
les gants (m)	*Handschuhe*
le sac à main	*Handtasche*
le gilet	*Weste*
à rayures	*gestreift*
la cravate	*Krawatte*
bizarre	*seltsam, merkwürdig*
argenté(e)	*silberfarben*
parler à qn	*mit jdm. sprechen*
attendre qn	*auf jdn. warten*
téléphoner à qn	*mit jdm. telefonieren*
aller ensemble	*zusammenpassen*
le t-shirt	*T-Shirt*
essayer	*anprobieren*
le/la même	*der/die/das Gleiche*
le chapeau de paille	*Strohhut*
les sandales (f)	*Sandalen*
le foulard	*Halstuch*
doré(e)	*golden*
uni(e)	*einfarbig*
multicolore	*mehrfarbig*
à carreaux	*kariert*
à fleurs	*geblümt*
à pois	*gepunktet*
transparent(e)	*transparent*
le bijou	*Schmuck*
en dentelle	*aus Spitze*
en velours	*aus Samt*

Traits de caractère

CHARAKTERZÜGE

sehen

Heute ist ein herrlicher Frühlingstag. Die Blätter sind zartgrün, die Vögel zwitschern im Park, das Leben beginnt erneut. Du sitzt mit einer Freundin oder einem Freund auf der Terrasse eines Cafés. Ihr beobachtet in aller Ruhe, wie die Leute an euch vorbeigehen und redet über Gott und die Welt. Es ist ein perfekter Tag, um dich auf den Moment einzulassen, im Hier und Jetzt zu leben und den Müßiggang zu genießen.

hören
Tr. 55

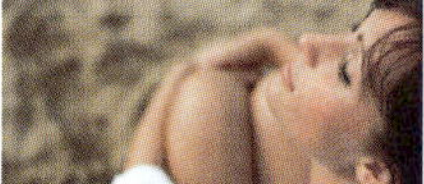

sensible
sensibel

paresseux(-euse)
faul

drôle
lustig

jaloux(-ouse)
eifersüchtig

patient(e)
geduldig

gentil(-le)
nett

dynamique
dynamisch

stressant(e)
stressig

fatigué(e)
müde

sérieux(-euse)
ernst

poli(e)
höflich

calme
ruhig

travailler
arbeiten

la réunion
Meeting

le spa
Therme

le/la médecin
Arzt/Ärztin

le/la chef de projet
Projektleiter, -in

le/la professeur(e)
Lehrer, -in

marié(e)
verheiratet

célibataire
ledig

hören
Tr. 56

- Alors ? Qu'est-ce que tu penses de Benoît ?
- ◎ Le nouveau chef de projet ? Je le trouve sérieux, patient, dynamique et très drôle.
- Drôle ? Je le trouve stressant ! Je ne lui parle pas.
- ◎ Ah bon ? Pourquoi ? Tu ne lui dis même pas bonjour ?
- Non ! Il travaille tout le temps. Il ne fait pas de pause. Il fait trop de réunions.
- ◎ Est-ce que tu n'es pas un peu paresseuse ? Ou jalouse ? Il est très sensible et gentil avec tout le monde.
- Tu le trouves sensible et gentil ? Poli, oui. Mais sensible, non !
- ◎ Je pense que tu es fatiguée. Tu travailles trop. Il faut te reposer.
- C'est vrai. Je vais prendre des vacances calmes.
- ◎ C'est une très bonne idée. Va dans un spa pour te reposer, pour faire un sauna, des massages…
- Mmmmm, bonne idée ! Je vais m'occuper de moi !

1 In diesem Wortgitter befinden sich zwölf Charaktereigenschaften. Suche möglichst viele Eigenschaften heraus, umkreise sie und trage sie dann in die Liste ein.

sehen

E A N O D R G X O K C A L M E
I M F P A R E S S E U X N C P
M A D O J P N H E D S B J H K
P A R F A I T N N A K E N O M
A W V R G H I S S W V L T O C
T A X U T E L F I N E R E N G
I S C I H X E C B L R F Q J S
E S V S Y E N Z L R G X K A T
N E F A T I G U E U X R U L R
T N H R P Q L R X Z D K V O E
P O L I T O F U I G E N J U S
Q T E E U Q P U Z E R E N X S
H S G U D Y N A M I Q U E I A
B O O X S E R I E U X D O E N
D I N D R O L E E L E N I A T

2

Suche jeweils das Gegenteil der folgenden Charaktereigenschaften und verbinde die beiden Wörter miteinander.

1. sensible	•	**A** malpoli(e)
2. paresseux(-euse)	•	**B** impatient(e)
3. poli(e)	•	**C** dynamique
4. stressant(e)	•	**D** insensible
5. patient(e)	•	**E** calme

3

hören
Tr. 56

Höre den Dialog noch einmal und vervollständige folgende Sätze.

1. Esther trouve Benoît ______ . ______ , ______ ,
______ , ______ et ______ .

2. Marianne trouve Benoît ______ et ______ .

3. Esther trouve Marianne ______ .

4

sehen

Wähle vier Eigenschaften aus. Zeichne für jede Eigenschaft eine Person ein, die du kennst und die diese Eigenschaft besitzt, oder klebe ein Foto ein. Ergänze danach unter dem Bild den Namen der Person und die jeweilige Eigenschaft. Schreibe auf, ob die Eigenschaft bei dieser Person stark oder schwach ausgeprägt ist.

1. Voici ______ .

Je le trouve (très /assez) ______

2. Voici ______ .

Je le trouve (très /assez) ______

3. Voici ______ .

Je le trouve (très /assez) ______

4. Voici ______ .

Je le trouve (très /assez) ______

Die indirekten Pronomen

Du erinnerst dich bestimmt daran, dass Verben eine direkte oder indirekte Ergänzung haben können. Indirekte Pronomen stehen wie die direkten Objekte **le**, **la** und **les** vor dem Verb. Die indirekten Pronomen ersetzen Objekte, die man mit „wem oder was" erfragen kann. Man kann sie mit dem deutschen Dativobjekt vergleichen. Im Französischen erkennt man indirekte Objekte daran, dass sie auf Verben mit der Ergänzung **à** folgen.

Je téléphone à la chef /au chef ➡ Je lui téléphone.
Ich telefoniere mit der Chefin/dem Chef. ➡ Ich telefoniere mit ihr/ihm.

Hier ein paar Beispiele von Verben mit indirektem Objekt:

parler à quelqu'un	*mit jemandem sprechen*
écrire à quelqu'un	*jemandem schreiben*
téléphoner à quelqu'un	*mit jemandem telefonieren*
demander quelque chose à quelqu'un	*jemanden etwas fragen*
dire quelque chose à quelqu'un	*jemandem etwas sagen*

Um ein indirektes Objekt zu ersetzen, verwendet man, egal ob männlich oder weiblich ➡ **lui**
Und um mehrere Personen zu ersetzen, gebraucht man ➡ **leur**
lui und **leur** verwendet man nur für Personen.

Il écrit à son père ➡ Il lui écrit. *Er schreibt seinem Vater. Er schreibt ihm.*
Il écrit à sa mère ➡ Il lui écrit. *Er schreibt seiner Mutter. Er schreibt ihr.*
Je parle à mes parents ➡ Je leur parle. *Ich spreche mit meinen Eltern. Ich spreche mit ihnen.*

5 Schreibe folgende Sätze neu, indem du die fettgedruckten Satzteile mit einem indirekten Pronomen ersetzt. Überprüfe mit Hilfe der Audiodatei.

hören
Tr. 57

1. Marianne dit **à Esther** qu'elle va partir en vacances.

____

2. Esther parle de la réunion du jour **au chef**.

____

3. Le chef de projet demande **aux collègues** de bien travailler.

____

REZEPT

Quiche Lorraine

QUICHE LORRAINE

Schmecken

Um dich an deinen Aufenthalt auf der Terrasse des Cafés zu erinnern, kannst du ein Gericht backen, das in französischen Cafés und Bistros fast immer auf der Speisekarte steht: eine Quiche. Die Quiche gibt es in den verschiedenste Varianten. Hier findest du das Rezept eines Klassikers: die berühmte Quiche Lorraine. Leicht und schmackhaft, wird sie meist mit einem grünen Salat serviert und eventuell mit einem Gläschen Weißwein aus dem Elsass genossen. Sie eignet sich hervorragend für den kleinen Hunger. **Bon appétit !**

Zutaten:

250g de farine - **2** pincées de sel - **125g** de beurre - **250g** de lard fumé maigre - **6** œufs - **25cl** de crème fraîche - **10cl** de lait - **1** pincée de poivre

1. Pour la pâte, mettre la farine dans un saladier avec une pincée de sel.
   Für den Teig Mehl mit einer Prise Salz in eine Schüssel geben.
2. Ajouter le beurre coupé en morceaux et pétrir du bout des doigts.
   Die in Stücke geschnittene Butter hinzufügen und mit den Fingerspitzen verkneten.
3. Former une boule avec la pâte, la placer dans un film plastique et la laisser reposer deux heures.
   Den fertigen Teig zu einer Kugel formen, in Plastikfolie geben und zwei Stunden ruhen lassen.
4. Découenner le lard, le couper en lanières et le répartir sur le fond de quiche.
   Den Speck entschwarten, in Streifen schneiden und auf dem Quicheboden verteilen.
5. Dans un saladier, battre les œufs avec la crème fraîche, le lait, le sel et le poivre et verser sur le lard.
   In einer Schüssel die Eier mit der Crème fraîche, der Milch, sowie mit Salz und Pfeffer verquirlen und über den Speck gießen.
6. Mettre dans le four préchauffé à 180 degrés et faire cuire pendant une demi-heure.
   In den auf 180 Grad vorgeheizten Ofen schieben und eine halbe Stunde backen.
7. Servir bien doré.
   Schön gebräunt servieren.

le lard fumé maigre *geräucherter magerer Speck*
le lait *Milch*

IL FAUT + INFINITIV

Wenn du erklären willst, was notwendig ist, um etwas zu erreichen, kannst du **il faut** + Infinitiv verwenden.

Il faut être patient pour être professeur de français.
Man muss *geduldig sein, um Französischlehrer zu sein.*

6 Welche Eigenschaften braucht man, um diese Berufe gut ausüben zu können? Ergänze die Sätze mit Eigenschaften deiner Wahl.

1. Pour être professeure, il faut être ______________ et ______________ .
2. Pour être journaliste, il faut être ______________ et ______________ .
3. Pour être médecin, il faut être ______________ et ______________ .
4. Pour être chef de projet, il faut être ______________ et ______________ .

Der Artikel bei Nationalität, Beruf, Glaubensangehörigkeit oder Familienstand

Wenn man im Französischen über seine Nationalität, seinen Beruf, seine Glaubensangehörigkeit oder seinen Familienstand spricht, verwendet man keinen Artikel.

Marie est française, médecin, bouddhiste et célibataire.
Marie ist Französin, Ärztin, Buddhistin und ledig.

7 Höre folgenden Personen zu, die sich vorstellen, und finde heraus, was für einen Beruf sie haben.

hören
Tr. 58

1. Elsa est ______________ .
2. Benjamin est ______________ .
3. Karim est ______________ .

8 Und du? Was kannst du über dich erzählen? Ergänze folgende Aussagen in Bezug auf deine eigene Situation.

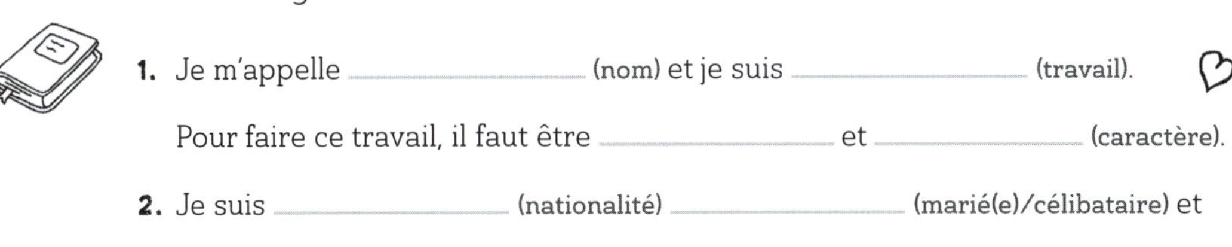

1. Je m'appelle ______________ (nom) et je suis ______________ (travail).
   Pour faire ce travail, il faut être ______________ et ______________ (caractère).
2. Je suis ______________ (nationalité) ______________ (marié(e)/célibataire) et j'adore ______________ (activité ou personne).

9 Wie gut kannst du dich jetzt schon mit jemandem über seinen Beruf unterhalten? Verbinde folgende Fragen mit den passenden Antworten.

1. Qu'est-ce que vous faites comme travail ?
2. Est-ce que vous aimez votre travail ?
3. Où est-ce que vous travaillez ?
4. Il faut quelle qualité pour ce travail ?
5. Est-ce que c'est stressant parfois ?

___ **A** Oui, c'est très intéressant.
___ **B** Il faut être patient et sérieux.
___ **C** Je suis médecin.
___ **D** Oui, on travaille beaucoup.
___ **E** Dans un grand hôpital.

SAVOIR + INFINITIV ODER SATZ (WISSEN, KÖNNEN)

Aufpassen! Das Verb **savoir** steht für Sachen, die man machen kann, aber auch für Sachen, die man weiß.

Tu sais faire du vélo ?
Kannst du radfahren?
Tu sais où est Georges ?
Weißt du, wo Georges ist?

CONNAÎTRE + NOMEN (KENNEN)

Der Verb **connaître** steht für Sachen, Orte oder Personen, die man kennt.

Tu connais ce travail ?
Tu connais Paris ?
Tu connais Georges ?
Kennst du diese Arbeit/Paris/Georges?

10 Genug über Arbeit geredet! Wir wollen uns doch heute entspannen. Du kannst bereits über deine Freizeit sprechen. Ordne daher folgende Begriffe ein, je nachdem, ob sie mit **savoir** oder mit **connaître** benützt werden können.

* où aller en vacances * comment me relaxer * une guide * faire du vélo * les montagnes * où est la plage * faire du yoga * les parfums de Provence * la région * des amis sympa * danser * des livres très intéressants

savoir	connaître

fühlen

Diese Seite ist dir gewidmet. Jetzt kannst du auf Französisch über dich selbst reflektieren. Kennst du dich selbst gut? Wie bist du wirklich? Überlege und kreuze unten die Eigenschaften, die zu dir passen, an. Male oder zeichne danach ein Portrait von dir in den Rahmen, wie du gerne wärst. Viel Spaß!

1. Pour moi, je suis...

- ◯ **A** curieux/curieuse
- ◯ **B** patient/patiente
- ◯ **C** dynamique
- ◯ **D** sérieux/sérieuse
- ◯ **E** ennuyeux/ennuyeuse
- ◯ **F** gentil/gentille
- ◯ **G** paresseux/paresseuse
- ◯ **H** calme
- ◯ **I** drôle

2. Pour les autres, je suis...

- ◯ **A** curieux/curieuse
- ◯ **B** patient/patiente
- ◯ **C** dynamique
- ◯ **D** sérieux/sérieuse
- ◯ **E** ennuyeux/ennuyeuse
- ◯ **F** gentil/gentille
- ◯ **G** paresseux/paresseuse
- ◯ **H** calme
- ◯ **I** drôle

3. Je sais...

- ◯ **A** aimer la vie
- ◯ **B** me relaxer
- ◯ **C** aimer les autres
- ◯ **D** m'aimer moi-même
- ◯ **E** respecter la nature
- ◯ **F** parler avec les autres

4. Je connais bien...

- ◯ **A** les sports bons pour moi
- ◯ **B** les parfums de la nature
- ◯ **C** des positions de yoga
- ◯ **D** des paysages magnifiques
- ◯ **E** mes qualités
- ◯ **F** ma famille et mes amis

Lösungen

1. calme – paresseux – impatient – fatigué – stressant – dynamique – jaloux – drôle – sérieux – gentil – sensible – poli
2. 1D; 2C; 3A; 4E; 5B
3. 1. sérieux; patient; dynamique; drôle; sensible; gentil
2. stressant; poli
3. fatiguée
5. 1. Marianne lui dit qu'elle va partir en vacances.
2. Esther lui parle de la réunion.
3. Le chef de projet leur demande de bien travailler.
7. 1. Elsa est prof.; 2. Benjamin est journaliste.; 3. Karim est médecin.
9. 1C; 2A; 3E; 4B; 5D
10. savoir : comment me relaxer; où aller en vacances; faire du vélo; faire du yoga; où est la plage; danser
connaître : les montagnes; une guide; les parfums de Provence; des amis sympas; des livres très intéressants; la région

Transkriptionen

TR. 56
- *Und? Was hältst du von Benoît?*
- *Der neue Projektleiter? Ich finde ihn zuverlässig, geduldig, dynamisch und sehr lustig.*
- *Lustig? Ich finde ihn stressig! Ich rede nicht mit ihm.*
- *Ach ja? Warum? Begrüßt du ihn nicht einmal?*
- *Nein! Er arbeitet die ganze Zeit. Er macht keine Pausen. Er macht zu viele Meetings.*
- *Bist du nicht ein bisschen faul? Oder eifersüchtig? Er ist sehr sensibel und nett zu allen.*
- *Findest du ihn sensibel und nett? Höflich, ja. Aber sensibel, nein!*
- *Ich glaube, du bist müde. Du arbeitest zu viel. Du musst dich ausruhen.*
- *Das ist wahr. Ich werde einen ruhigen Urlaub machen.*
- *Das ist eine sehr gute Idee. Geh in ein Spa, um dich zu erholen, um in die Sauna zu gehen, dich massieren zu lassen ...*
- *Mmmmm, gute Idee! Ich werde mich um mich selbst kümmern!*

TR. 57

1. Marianne lui dit qu'elle va partir en vacances.	*1. Marianne sagt ihr, dass sie in den Urlaub fahren wird.*
2. Esther lui parle de la réunion du jour.	*2. Esther erzählt ihm vom heutigen Meeting.*
3. Le chef de projet leur demande de bien travailler.	*3. Der Projektleiter bittet sie, gut zu arbeiten.*

TR. 58

Elsa : Je travaille avec des enfants toute la journée. Je suis prof. C'est très difficile. Il faut être extrêmement patient et calme. Les enfants sont parfois très malpolis.	*Elsa: Ich arbeite den ganzen Tag mit Kindern. Ich bin Lehrerin. Das ist sehr schwierig. Man muss extrem geduldig und ruhig sein. Die Kinder sind manchmal sehr unhöflich.*
Benjamin : Je travaille dans les médias. Je suis journaliste politique. Il faut vraiment être très curieux et dynamique. Les hommes politiques sont parfois très ennuyeux.	*Benjamin: Ich arbeite im Medienbereich. Ich bin ein Politikjournalist. Man muss wirklich sehr neugierig und dynamisch sein. Politiker sind manchmal sehr langweilig.*
Karim : Je suis médecin dans un grand hôpital. Il faut être sérieux et très calme. Les patients sont souvent très sensibles et impatients.	*Karim: Ich bin Arzt in einem großen Krankenhaus. Man muss zuverlässig und sehr ruhig sein. Die Patienten sind oft sehr sensibel und ungeduldig.*

Lektionswortschatz

sensible	*sensibel*
paresseux(-euse)	*faul*
drôle	*lustig*
jaloux(-ouse)	*eifersüchtig*
patient(e)	*geduldig*
gentil(le)	*nett*
dynamique	*dynamisch*
stressant(e)	*stressig*
fatigué(e)	*müde*
sérieux(-euse)	*ernst, zuverlässig*
poli(e)	*höflich*
calme	*ruhig*
travailler	*arbeiten*
la réunion	*Meeting, Besprechung*
le spa	*Therme, Wellnessbereich*
le/la médecin	*Arzt/Ärztin*
le/la chef de projet	*Projektleiter(in)*
le/la professeur(e) = le/la prof	*Lehrer(in)*
marié(e)	*verheiratet*
célibataire	*ledig*
écrire à qn	*jdm. schreiben*
demander qc à qn	*jdn. etw. fragen*
dire qc à qn	*jdm. etw. sagen*
penser	*denken*
nouveau(-elle)	*neu*
Ah bon ?	*Ach ja?*
même pas	*nicht einmal*
tout le temps	*die ganze Zeit*
la pause	*Pause*
se reposer	*sich ausruhen*
le sauna	*Sauna*
le massage	*Massage*
s'occuper de	*sich kümmern*
malpoli(e)	*unhöflich*
impatient(e)	*ungeduldig*
insensible	*unsensibel*
le/la bouddhiste	*Buddhist(in)*
toute la journée	*den ganzen Tag lang*
il faut	*man muss*
extrêmement	*extrem*
parfois	*manchmal*
les médias (m)	*Medien*
politique	*Politik-*
curieux(-euse)	*neugierig*
ennuyeux(-euse)	*langweilig*
l'hôpital	*Krankenhaus*
le patient	*Patient*
le nom	*Name*
le travail	*Arbeit*
le caractère	*Charakter*
la nationalité	*Nationalität*
la qualité	*Eigenschaft*
savoir	*wissen, können*
connaître	*kennen*
le/la guide	*Fremdenführer(in)*
respecter	*respektieren*

Bien chez soi

SICH ZUHAUSE WOHLFÜHLEN

sehen

Heute bist du bei einer Freundin im Zentrum von Nantes zum Aperitif eingeladen. Du bist pünktlich gekommen, deshalb bist du als erstes da. In Frankreich ist es ungewöhnlich, pünktlich zu kommen, wenn man bei jemandem eingeladen ist. Man kommt ungefähr eine Viertelstunde zu spät, damit die Gastgeber Zeit haben, sich vorzubereiten. Aber das ist nicht schlimm. So hast du Zeit, die Wohnung zu bewundern. Es ist ein Altbau mit einem herrlichen Blick auf den Place Royale. Die Wohnung ist geschmackvoll eingerichtet und man fühlt sich dort gleich wohl.

hören
Tr. 59

le lit
Bett

l'armoire (f)
Schrank

le canapé
Sofa

le fauteuil
Sessel

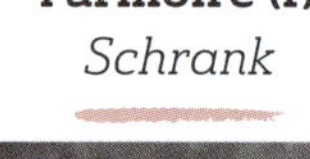

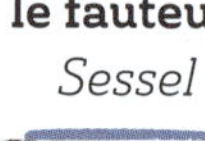

la table
Tisch

la chaise
Stuhl

le four
Backofen

le réfrigérateur
Kühlschrank

la lumière
Licht

la place
Platz

clair(e)
hell

confortable
bequem

le salon
Wohnzimmer

la cuisine
Küche

la salle à manger
Esszimmer

la chambre
Schlafzimmer

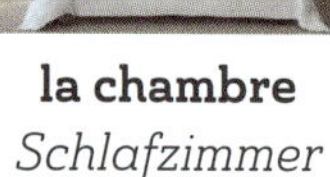

la salle de bain
Badezimmer

le couloir
Gang

l'entrée
Eingang

les toilettes
WC

hören
Tr. 60

- Le salon est magnifique. J'adore le canapé et les fauteuils !
- ◎ Et tu n'as pas vu la salle à manger ! Il y a une longue table en bois avec des chaises de toutes les couleurs. C'est très agréable.
- Et cette vieille armoire de Normandie dans l'entrée, je me demande d'où elle vient.
- ◎ Ça vient de sa grand-mère, comme le vieux lit dans la chambre.
- Quel style ! C'est intéressant, d'un côté il y a de très vieux meubles, d'un autre côté il y a beaucoup de place et on respire bien.
- ◎ Oui, elle a du talent pour la décoration.
- Dis-moi, tu sais où sont les toilettes ?
- ◎ Oui, au bout du couloir à gauche. Pas la première porte, c'est la salle de bain. La deuxième.
- Elle n'est pas encore là ?
- ◎ Elle arrive. Elle est désolée de nous faire attendre si longtemps. Il n'y a plus d'électricité dans la cuisine. Le four et le réfrigérateur ne fonctionnent pas. Elle ne peut plus faire cuire ses petits gâteaux pour l'apéritif !
- Pas de problème. On se sent bien ici, même s'il n'y a rien à manger !

1 Hier ist der Plan von Maries Wohunung. Höre dir den Dialog an und zeichne die Möbel aus der Liste in den richtigen Raum ein.

hören
Tr. 60

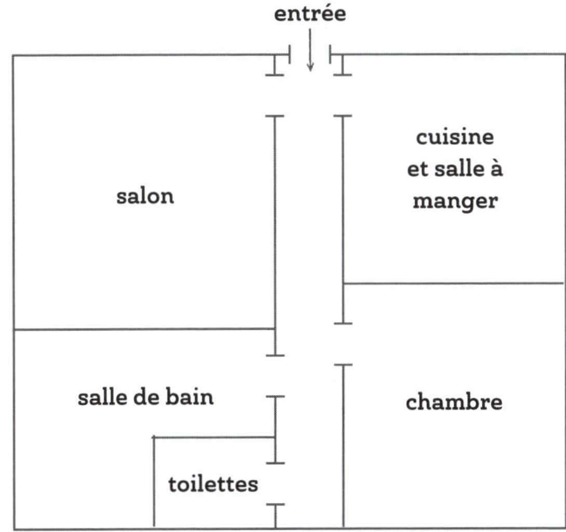

- le lit
- l'armoire
- le canapé
- les fauteuils
- la table
- les chaises
- le four
- le réfrigérateur

2 Höre den Dialog noch ein weiteres Mal an und entscheide dann, ob folgende Aussagen richtig oder falsch sind. **Vrai ou faux ?**

hören

Tr. 60

	vrai	faux
1. La table et les chaises viennent de la grand-mère.	○	○
2. Marie a un vieux lit.	○	○
3. Le canapé et les fauteuils sont de toutes les couleurs.	○	○
4. L'électricité de la salle à manger ne fonctionne pas.	○	○
5. Les toilettes, c'est la première porte à gauche.	○	○
6. Dans l'entrée, il y a une armoire de Normandie.	○	○
7. L'appartement n'est pas très agréable.	○	○
8. Dans l'appartement, il y a trop de chaises et pas de place.	○	○

3 Hier sind ein paar Gegenstände für die Wohnung. Kannst du sie zuordnen? Sind es Möbel oder Dekoartikel? Vielleicht helfen dir die Übersetzungen.

* un bureau
* un tapis
* une bougie
* un tableau
* une étagère
* un miroir
* une plante

meuble	*Möbel*
• ______________	*Schreibtisch*
• ______________	*Regal*
objet de déco	*Dekoartikel*
• ______________	*Teppich*
• ______________	*Kerze*
• ______________	*Gemälde*
• ______________	*Pflanze*
• ______________	*Spiegel*

4 Höre folgende Wörter an und wähle aus, ob man das **e** am Ende hört oder nicht. Höre die Wörter dann noch einmal und sprich sie nach.

hören

Tr. 61

	hörbar	nicht hörbar
1. la lampe	○	○
2. elle parle	○	○
3. le canapé	○	○
4. l'électricité	○	○

DAS STUMME E

Man spricht das **e** am Ende der französischen Wörter in der Regel nicht aus. Man hört nur den letzten Buchstaben davor: **la commode** = [LA KOMOD]

Achte darauf, dass das **e** mit Akzent seine eigene Aussprache hat. Das **é** wird wie ein deutsches geschlossenes **e** ausgesprochen wie in *Schnee*.

Das Pronomen y

Das Pronomen **y** ist sehr praktisch, da es verschiedene Ergänzungen ersetzen kann. Es steht in der Regel unmittelbar vor dem konjugierten Verb.

- Es kann eine Ortsangabe ersetzen, unabhängig davon, ob man sich an diesem Ort befindet oder dort hingeht:
  Je suis en France pour les vacances. ➡ **J'y suis pour les vacances.**
  Je vais dans la cuisine. ➡ **J'y vais.**
- **Y** wird auch bei Verbergänzungen mit der Präposition **à** verwendet.
  Je pense à la décoration de mon appartement. ➡ **J'y pense.**
- Es gibt auch ein paar gängige Ausdrücke mit **y** wie
  Il y a... *Es gibt ...*
  On y va. *Gehen wir.*
  Vas-y/Allez-y. *Nur zu.*
  Ça y est. *Es ist soweit.*
  Je n'y arrive pas. *Ich schaffe es nicht.*

5 Beantworte folgende Fragen, indem du das Pronomen **y** verwendest.

1. Depuis quand tu habites à Lyon ?

J' ______________________________ depuis trois ans.

2. Tu vas au Maroc cette année ?

Oui, j' ______________________________ en décembre.

3. Tu penses aux meubles de ta grand-mère ?

Non, je n' ______________________________ .

Weitere Arten zu verneinen

Du erinnerst dich an die Verneinung mit **ne ... pas**: Elle **ne** vas **pas** au Maroc. Es gibt aber weitere Möglichkeiten der Verneinung. Sie umschließen ebenfalls das konjugierte Verb.

- ne ... plus *nicht mehr* ➡ Il **ne** parle **plus**.
- ne ... rien *nichts* ➡ Il **ne** mange **rien**.
- ne ... jamais *nie* ➡ Elle **ne** parle **jamais**.
- ne ... personne *niemand* ➡ Il **n'**y a **personne** dans la cuisine.

REZEPT

Le cake salé

SALZIGER KUCHEN

Schmecken

In Frankreich trifft man sich oft vor dem Essen zum Aperitif. Man trinkt ein Gläschen mit Häppchen und unterhält sich über alles Mögliche. Hier ein Rezept für einen salzigen Kuchen, den man mit Speckwürfeln, Oliven und anderen leckeren Zutaten variieren kann. Er kann warm oder kalt gegessen werden und wird in kleine Scheiben geschnitten serviert. Auf dein Wohl! **À la tienne !**

Zutaten:

1/2 poivron - **1** petite courgette - **100g** de fromage de chèvre - **3** œufs - **200g** de yaourt - **1** pincée de sel - **1** pincée de poivre - **60g** de maïzena - **100g** de farine - **1** sachet de levure - **5cl** d' huile d'olive - **150g** de gruyère râpé

1. Préchauffez le four à 180 °C.
2. Couper le demi-poivron et la courgette en petits dés.
3. Couper le fromage de chèvre en petits dés.
4. Ajouter les trois œufs entiers, le yaourt, le sel, le poivre, la maïzena et la farine dans un saladier. Ajouter le sachet de levure chimique.
5. Mélanger le tout jusqu'à obtenir une pâte lisse et homogène.
6. Ajouter l'huile d'olive en mélangeant constamment.
7. Incorporer les dés de fromage de chèvre, les poivrons, le gruyère et les dés de courgettes.
8. Ajouter l'huile d'olive en mélangeant constamment.
9. Faire cuire à 180 °C pendant 40 à 45 minutes.

le gruyère *Greyerzer Käse*
le yaourt *Joghurt*
la maïzena *Maisstärke*
le poivron *Paprika*
demi *halbe*
le dé *Würfel*
obtenir *erhalten*
la pâte *Teig*
lisse *glatt*
en mélangeant *durch Vermischen*
beurrer *mit Butter einfetten*
fariner *mit Mehl bestäuben*
le moule à cake *Kastenform*

hören

Tr. 62

Höre zu, wie diese zwei Personen, die sich in ihrer Wohnung wohlfühlen, über ihre Wohung sprechen. Finde heraus, welche Wohnung Marie bzw. welche Wohnung Paul gehört. Schreibe den Namen der Person unter das Bild.

1. ______________________ **2.** ______________________

hören

Tr. 62

Um herauszufinden, warum Marie und Paul sich zuhause wohlfühlen, höre das Gespräch noch einmal an und wähle die richtigen Satzenden.

1. Paul **n'**a **plus** de plantes vertes...
- ◯ **A** parce qu'il n'aime plus ça.
- ◯ **B** parce que sa femme aime ça.
- ◯ **C** parce que sa femme n'aime pas ça.

2. Marie **ne** veut **rien** de trop...
- ◯ **A** c'est pourquoi elle a peu de meubles et de décorations.
- ◯ **B** c'est pourquoi elle met des couleurs claires.
- ◯ **C** c'est pourquoi elle a des meubles.

3. Paul **ne** met **jamais** de miroir en face du lit...
- ◯ **A** parce que sa femme ne veut pas.
- ◯ **B** parce que ce n'est pas bon pour l'énergie du couple.
- ◯ **C** parce que ça fait trop de couleurs.

4. Marie **ne** déprime **jamais**...
- ◯ **A** parce qu'elle respire bien.
- ◯ **B** parce qu'elle ne veut rien d'inutile.
- ◯ **C** parce qu'elle utilise des couleurs claires comme le blanc, le bleu ciel ou le rose.

Bringe folgende Satzteile in die richtige Reihenfolge. Achte darauf, die Verneinung an der richtigen Stelle zu platzieren.

1. plante ⁎ n' ⁎ Paul ⁎ plus ⁎ verte ⁎ a ⁎ de

____

2. rien ⁎ de trop ⁎ ne ⁎ veut ⁎ Marie

____

3. en face du ⁎ Paul ⁎ jamais ⁎ met ⁎ lit ⁎ le miroir ⁎ ne

____

EIN PAAR RATSCHLÄGE ...

Um Ratschläge zu geben, kannst du manche Verben im Conditionnel verwenden:

devoir : tu devrais + Infinitiv	Tu devrais mettre des couleurs plus claires.
pouvoir : tu pourrais + Infinitiv	Tu pourrais mettre des couleurs plus claires.
il faut : il faudrait + Infinitiv	Il faudrait mettre des couleurs plus claires.

9 Hier sind ein paar Ratschläge, um eine Wohnung mehr nach dem Feng-Shui-Prinzip zu gestalten. Kannst du die richtige Übersetzung finden?

1. Tu devrais mettre un miroir dans ton entrée. •
2. Tu pourrais mettre des plantes dans ton salon. •
3. Il faudrait mettre plus de lampes dans ta cuisine. •
4. Il faudrait mettre des couleurs claires dans la chambre. •
5. Tu devrais mettre moins de meubles dans ta salle à manger. •

- **A** Du könntest ein paar Pflanzen in dein Wohnzimmer stellen.
- **B** Im Schlafzimmer sollten helle Farben verwendet werden.
- **C** Du solltest weniger Möbel in dein Esszimmer stellen.
- **D** In deiner Küche sollten mehr Lampen angebracht werden.
- **E** Du solltest einen Spiegel in deinem Flur aufhängen.

10 Schau dir das Wohnzimmer von Adrienne an und gib ihr ein paar Ratschläge, wie sie es deiner Meinung nach mehr nach dem Feng-Shui-Prinzip gestalten könnte.

Sehen

1. Tu devrais ______
2. Tu pourrais ______
3. Il faudrait ______
4. Tu devrais ______
5. Tu pourrais ______
6. Il faudrait ______

Quelques idées :

- mettre des plantes vertes
- mettre des bougies
- utiliser des couleurs gaies
- mettre un miroir
- mettre moins de meubles
- mettre moins d'objets de décoration
- mettre plus de lampes
- mettre un beau tapis
- mettre un beau tableau

11 Zeichne oben einen Plan deiner Wohnung samt ihrer Einrichtung ein und beschrifte alles, was du schon auf Französisch sagen kannst.

fühlen

Zeichne jetzt den Plan erneut und probiere eine völlig neue Einrichtung aus. Und wie lebt es sich darin?

B

BESCHRIFTE DEINE WOHNUNG!

Um Vokabeln zum Thema Haushalt/Wohnung zu lernen, kann du überall in deiner Wohnung Klebezettel auf Möbel und Gegenstände kleben und sie mit den Vokabeln beschriften. Du siehst sie dann im Alltag und kannst sie dir besser merken. Du kannst außerdem in der Wohnung herumgehen, Möbelstücke berühren und währenddessen die Wörter laut aussprechen.

Lösungen

1. dans la chambre : le lit; **dans l' entrée :** l'armoire; **dans le salon :** le canapé et les fauteuils; **dans la cuisine et la salle à manger :** la table et les chaises; le four et le réfrigérateur
2. 1. faux; 2. vrai; 3. faux; 4. faux; 5. faux; 6. vrai; 7. faux; 8. faux
3. les meubles : le bureau; l'étagère
les objets de déco : le tapis; la bougie; le tableau; la plante; le miroir
4. hörbar: 3; 4, nicht hörbar 1; 2
5. 1. J'y habite depuis trois ans.; 2. J'y vais en décembre.; 3. Non, je n'y pense pas.
6. 1: Marie; 2: Paul
7. 1C; 2A; 3B; 4C
8. 1. Paul n'a plus de plante verte.
2. Marie ne veut rien de trop.
3. Paul ne met jamais de miroir en face du lit.
9. 1E; 2A; 3D; 4B; 5C

Transkriptionen

TR. 60

- *Das Wohnzimmer ist wunderschön. Ich liebe das Sofa und die Sessel!*
- *Und du hast das Esszimmer noch nicht gesehen! Da gibt es einen langen Holztisch mit bunten Stühlen. Es ist sehr gemütlich.*
- *Und dieser alte Schrank aus der Normandie im Flur, ich frage mich, woher er kommt.*
- *Er stammt von ihrer Großmutter, genau wie das alte Bett im Schlafzimmer.*
- *Was für ein Stil! Es ist interessant, einerseits gibt es sehr alte Möbel, andererseits gibt es viel Platz und man kann gut atmen.*
- *Ja, sie ist ein Einrichtungstalent.*
- *Sag mal, weißt du, wo die Toilette ist?*
- *Ja, am Ende des Flurs auf der linken Seite. Nicht die erste Tür, das ist das Badezimmer. Die zweite Tür.*
- *Ist sie noch nicht da?*
- *Sie kommt schon. Es tut ihr leid, dass sie uns so lange warten lässt. Es gibt in der Küche keinen Strom mehr. Der Ofen und der Kühlschrank funktionieren nicht. Sie kann ihre kleinen Kekse für den Aperitif nicht mehr backen!*
- *Kein Problem. Wir fühlen uns wohl hier, auch wenn es nichts zu essen gibt!*

TR. 61

1. Lampe; 2. sie spricht; 3. Sofa; 4. Elektizität

TR. 62

Paul : J'adore la décoration. Dans mon appartement, j'ai un grand canapé très confortable. Il y a aussi beaucoup de miroirs pour faire plus grand, mais jamais en face du lit. Ce n'est pas bon pour l'énergie du couple. Mes couleurs préférées sont le rouge et l'orange. Je n'ai plus de plante verte. Ma femme n'aime pas ça.	*Paul: Ich liebe das Dekorieren In meiner Wohnung habe ich ein großes, sehr bequemes Sofa. Es gibt auch viele Spiegel, damit alles größer wirkt, aber nie gegenüber dem Bett. Das ist nicht gut für die Energie des Paares. Meine Lieblingsfarben sind rot und orange. Ich habe keine Grünpflanzen mehr. Meine Frau mag das nicht.*
Marie : Chez moi, c'est feng shui. On respire bien et ça sent bon Je n'ai plus beaucoup de meubles ou de décorations. Je ne veux rien de trop. Il y a beaucoup de place et de lumière. Toutes les couleurs sont claires : du blanc, du bleu ciel, du rose, du jaune. Je ne déprime jamais !	*Marie: Bei mir zu Hause ist Feng Shui angesagt. Man kann gut atmen und es riecht gut. Ich habe nicht mehr viele Möbel oder Dekorationen. Ich will nichts zu viel haben. Es gibt viel Platz und viel Licht. Alle Farben sind hell: weiß, himmelblau, rosa, gelb. Ich bin nie deprimiert.*

Lektionswortschatz

le lit	*Bett*
l'armoire (f)	*Schrank*
le canapé	*Sofa*
le fauteuil	*Sessel*
la table	*Tisch*
la chaise	*Stuhl*
le four	*Backofen*
le réfrigérateur	*Kühlschrank*
la lumière	*Licht*
la place	*Platz*
clair(e)	*hell*
confortable	*bequem*
le salon	*Wohnzimmer*
la cuisine	*Küche*
la salle à manger	*Esszimmer*
les toilettes	*Toilette, WC*
la salle de bain	*Badezimmer*
le couloir	*Gang*
l'entrée	*Eingang*
un gâteau	*Kuchen*
en bois	*aus Holz*
de toutes les couleurs	*bunt*
vieux (vieille)	*alt*
la Normandie	*Normandie*
se demander	*sich fragen*
le style	*Stil*
intéressant	*interessant*
d'un côté...	*einerseits*
d'un autre côté...	*andererseits*
le meuble	*Möbelstück*
au bout de	*am Ende von*
la porte	*Tür*
arriver	*ankommen*
longtemps	*lange*
l'électricité	*Elektrizität*
fonctionner	*funktionieren*
faire cuire	*kochen*
Pas de problème !	*Kein Problem!*
se sentir bien	*sich gut fühlen*
chez	*bei*
le meuble	*Möbelstück*
le bureau	*Schreibtisch*
le tapis	*Teppich*
l'étagère (f)	*Regal*
l'objet de déco (m)	*Dekoobjekt*
la bougie	*Kerze*
le tableau	*Bild*
le miroir	*Spiegel*
la plante	*Pflanze*
le Maroc	*Marokko*
depuis	*seit*
ne...plus	*nicht mehr*
ne...rien	*nichts*
ne...jamais	*nie*
ne...personne	*niemand*
parce que	*weil*
utiliser	*benützen*
en face de	*gegenüber*
déprimer	*deprimiert sein*
tu devrais	*du solltest/ müsstest*
tu pourrais	*du könntest*
il faudrait	*man müsste*
gai(e)	*fröhlich*
moins de	*weniger*

Remise en forme

WIEDER FIT WERDEN

sehen

Es ist soweit! Du nimmst dir eine Wellness-Auszeit und hast eine Thalassotherapie auf der bretonischen Insel Belle-île-en-Mer mit ihrer herrlichen Landschaft ausgewählt. Stelle dir das Meer, die Felsen, ein kleines Fischerdorf und die Wege durch die Ginsterheiden vor. Atme tief ein! Vom Balkon deines Hotelzimmers kannst du schon die gute Meeresluft riechen. Gute Erholung!

hören

Tr. 63

le paddle
Stand-up-Paddeln

le longe-côte
Wasserwandern

le cheval
Pferd

le catamaran
Katamaran

le jeu
Spiel

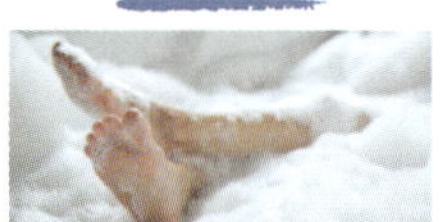

le bain
Bad

la piscine
Pool

l'île (f)
Insel

la vue
Aussicht

l'espace (m)
Raum

le rêve
Traum

l'algue (f)
Alge

avoir mal
Schmerzen haben

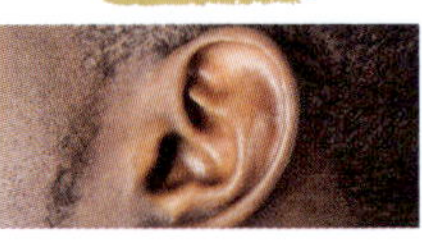

l'oreille (f)
Ohr

le repos
Erholung

l'accès (m)
Zugang

la demi-pension
Halbpension

la pension complète
Vollpension

la marche nordique
Nordic Walking

illimité(e)
unbegrenzt

hören
Tr. 64

- Hôtel Spa de l'île, bonjour.
- ◎ Bonjour. Je voudrais réserver une semaine de thalasso. Je suis fatiguée et mon mari a mal à la tête et au dos. Nous avons besoin de repos !
- Oui, bien sûr. Vous venez quand ?
- ◎ Du 9 au 16 juin.
- Très bien. Vous voulez être en demi-pension ou en pension complète ?
- ◎ En pension complète. Vous avez différentes formules ?
- Oui, nous en avons trois. Dans la première, il y a l'accès illimité à l'espace de remise en forme, 24 soins (massages, crème d'algues, bains, douches d'eau de mer, etc.) inclus. Et vous pouvez faire toutes les activités de l'hôtel : marche nordique, longe-côte, paddle, catamaran, promenade à cheval, visite de l'île à vélo,...
- ◎ Très bien. Cette formule est parfaite ! Il y a un club pour nos deux enfants ?
- Oui, nous en avons un pour les enfants de 3 à 17 ans. Vous pouvez vous relaxer ! Vous pouvez aussi choisir de faire nos activités en famille. L'espace enfant a aussi une grande piscine avec des jeux.
- ◎ C'est formidable ! Est-ce que vous avez encore une chambre avec vue sur la mer ?
- Oui, nous en avons encore une.
- ◎ Parfait. Et ça coûte combien ?
- 1700 € par adulte et 900 par enfant.
- ◎ Oh ! C'est un peu cher !
- Mais ce sont des vacances de rêve !
- ◎ À ce prix là, c'est sûr !

1

hören
Tr. 65

Gut zugehört? Unterstreiche die Nasalvokale (**en**, **on** oder **in**) im Dialog. Höre dann folgende Wörter und ordne sie dem richtigen Nasalvokal zu. Aufgepasst! Manche Wörter passen in zwei Kategorien. Zuletzt kannst du sie nachsprechen.

ɑ̃ (en/em/an/am) wie: l'enfant	**ɔ̃ (on/om)** wie: complète	**ɛ̃ (in/ien/un)** wie: juin
• ______	• ______	• ______
• ______	• ______	• ______
• ______	• ______	• ______
______	• ______	• ______

2

Höre den Dialog an und fülle das Buchungsformular für Marie aus.

hören
Tr. 64

Formulaire de réservation

Nom : Dubois Prénom : ____________ Date : du ________ au ________

Nombre de personnes : ____________

Formule un ○ deux ○ trois ○

Utilisation de l'espace de remise en forme : limitée ○ illimitée ○

Nombre de soins : 12 ○ 16 ○ 24 ○

Prix adulte : ____________

Prix enfant : ____________

Prix total : ____________

3

Höre den Dialog noch einmal an und ergänze die Hotelwerbung mit den passenden Informationen.

hören
Tr. 64

Passez des vacances de ________

Vous pouvez rester chez nous en pension ____________ ou en ____________

dans une magnifique chambre avec vue sur ____________ .

Dans notre établissement, il y a un espace ____________ avec une piscine d'eau de mer intérieure et extérieure. Vous pouvez faire des soins comme

les ____________ , les ____________ ou les ____________ .

Et pour toute la famille, nous avons aussi des activités comme

du ____________ , de la ____________ ou une ____________ .

Das Pronomen en

Das Pronomen **en** steht immer vor dem Verb und ersetzt:

- einen unbestimmten Artikel (**un, une, des**):
  Nous reservons une chambre ➡ Nous en réservons une.

  Achtung! Man muss am Ende weiterhin die Menge angeben, sofern sie bekannt ist.

- einen Teilungsartikel (**du, de la, des**):
  Vous avez du vin blanc ? ➡ Vous en avez ?

- sowie Mengenangaben.
  Je voudrais deux kilo de tomates. ➡ J'en voudrais deux kilo.

  Beachte: Auch hier muss man die Menge am Ende weiterhin erwähnen.

Das Pronomen **en** wird auch bei Verben verwendet, auf welche die Präposition **de** folgt wie bei **venir de** oder **avoir besoin de**:
Je viens de Paris. ➡ J'en viens.
J'ai besoin de repos ➡ J'en ai besoin.

- Ausdrücke mit dem Pronomen **en**:
  J'en ai assez ! *Ich habe genug!*
  Je n'en peux plus ! *Ich kann nicht mehr!*
  Je m'en vais ! *Ich gehe!*

Das Pronomen **en**, das eine Wortgruppe ersetzt, darf nicht mit der Präposition **en**, z.B. vor weiblichen Ländernamen, verwechselt werden.
J'en voudrais 300g. *Ich hätte davon gern 300g.*
Elle est en France. *Sie ist in Frankreich.*

4 Was ersetzt das Pronomen **en** in diesen Sätzen? Verbinde, was zusammengehört.

1. Il en vient par le train de 19 heures.	**A** des bonbons
2. Tu en veux trois litres.	**B** de le voir
3. Elle en mange trop.	**C** de la farine
4. Il m'énerve. Je n'en peux plus.	**D** de ce voyage
5. J'en ai besoin de 50g dans la pâte.	**E** de lait
6. Elles en connaissent la destination.	**F** de Genève

REZEPT

La mousse au chocolat

MOUSSE AU CHOCOLAT

SCHMECKEN

Was gibt es besseres als eine echte **Mousse au chocolat**, um sich selbst zu verwöhnen? Hier ist ein einfaches Rezept dieser leckeren Nachspeise.

Ingrédients:

200g de chocolat noir - **6** œufs - **1** pincée de sel

1. Faire fondre le chocolat lentement dans une casserole.
2. Pour les œufs, séparer les jaunes des blancs.
3. Mélanger lentement les jaunes d'œufs avec le chocolat.
4. Dans un saladier, battre les blancs d'œufs en neige ferme avec une pincée de sel.
5. Incorporer délicatement les blancs en neige au chocolat.
6. Verser le mélange dans des coupes et réfrigérer pendant au moins trois heures.
   Déguste !

noir(e) *schwarz*
le chocolat *Schokolade*
fondre *schmelzen*
lentement *langsam*
séparer *trennen*
battre en neige *zu Schnee schlagen*
verser *gießen*
déguster *genießen*

J'AI MAL !

Spürst du irgendwo Schmerzen? Dann kannst du das jetzt auch auf Französisch ausdrücken.

J'ai mal à + das schmerzende Körperteil. *Ich habe Schmerzen / Mir tut ... weh*

la tête : J'ai mal à la tête. *Ich habe Kopfschmerzen.*

le dos : J'ai mal au dos. *Ich habe Rückenschmerzen.*

l'oreille : J'ai mal à l'oreille. *Ich habe Ohrenschmerzen.*

les dents : J'ai mal aux dents. *Ich habe Zahnschmerzen.*

LERNEN UND BEWEGUNG

Sich beim Lernen zu bewegen ist sehr effektiv. Du kannst dir die Vokabeln beim Spazierengehen oder Joggen anhören. Versuche die Vokabeln mit Gesten nachzuahmen. Beim Treppensteigen kannst du pro Stufe eine Vokabel aufsagen oder an verschiedenen Stellen eines Raumes aus dem Gedächtnis Einzelheiten des Lernstoffs aufzählen. Alles, was dir an Bewegung einfällt, hilft dir beim Lernen!

5 **À toi !** *Jetzt bist du dran!* Wo tut es dir manchmal weh? Erinnerst du dich an die Körperteile? Wähle den richtigen Artikel (**à la/au/à l'/aux**).

J'ai mal ______________________________

6 Um deine Schmerzen zu lindern, haben wir ein paar Vorschläge. Antworte mit ja oder nein und verwende wie im Beispiel das Pronomen **en**.

1. Tu veux un massage ? ➡ Oui, j'en veux un. / Non, je n'en veux pas.
2. Tu veux de l'aspirine ? ➡ ______________________________
3. Tu veux de l'eau ? ➡ ______________________________
4. Tu veux des vacances ? ➡ ______________________________
5. Tu veux un bain aux algues ? ➡ ______________________________
6. Tu veux de la crème ? ➡ ______________________________

Steht in der Frage **un/une**, so brauchst du es auch in der Antwort: J'en veux **un**.
Steht stattdessen **du**, **de la**, **de l'** oder **des**, braucht du keinen Artikel: J'en veux.

7

Jetzt buchst du eine Thalassowoche für dich selbst. Was sagst du, wenn ...? Höre folgende Fragen an und verbinde sie mit der passenden Situation.

hören

Tr. 65

1. Vous avez une chambre avec vue sur la mer ?	**A** um für ein paar Tage ein Zimmer zu buchen.
2. Il y a des activités pour les enfants ?	**B** um Halbpension zu buchen.
3. Bonjour, je voudrais réserver une chambre du 7 au 13.	**C** um zu fragen, ob du einen unbegrenzten Zugang zum Finessbereich hast.
4. Combien de soins il y a dans cette formule ?	**D** um zu erfahren, ob das Hotel Aktivitäten für Kinder anbietet.
5. Il y a un accès illimité à l'espace de remise en forme ?	**E** um ein Zimmer mit Meerblick zu buchen.
6. Où est la piscine d'eau de mer ?	**F** um zu fragen, wie viele Behandlungen in der Pauschale enthalten sind.
7. En demi-pension, s'il vous plaît.	**G** um zu wissen, wo das Meerwasserschwimmbad ist.

8

Höre folgenden Personen zu und versuche zu verstehen, warum sie eine Thalassotherapie machen. Finde jeweils das passende Bild.

hören

Tr. 66

1

2

3

4

___ **A** Marie

___ **B** René

___ **C** Jean-Luc Pasquier

___ **D** Élodie

9

Was machst du, um fit zu werden? Ergänze den Text mit deiner Erfahrung und kreise den richtigen Artikel ein.

J'ai souvent mal au/à la/à l'/aux ________ . Pour me remettre en forme, je vais à/au/à l' ________ . Je fais du/de la/de l' ________ J'ai besoin du/de la/de l'/des ________ . Les massages pour moi, c'est ________ !

HOTEL
☆☆☆☆☆

10

fühlen

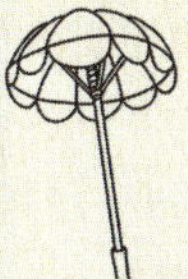

In diesem Reiseforum schreiben die User über ihre Erfahrungen in verschiedenen Hotels. Du warst vielleicht auch schon ein paarmal in einem Hotel oder möchtest einmal in eines fahren. Suche Fotos „deiner" Hotels heraus, klebe sie ein und schreibe einen Kommentar über die Hotels. Was hat dir gefallen? Was nicht? Vergiss nicht, die Hotels mit Sternen (1–5) zu bewerten. Hier ein paar Ideen, was du kommentieren könntest: **les chambres, le lit, la salle de bain, le restaurant, le service, la reception, la piscine, les soins, les activités, la terrasse, les massages, les bains, la situation géographique, etc.**

L'hôtel thalasso de Quiberon est magnifique.
Le personnel est très gentil. Le restaurant est délicieux.
Les chambres sont confortables. Il y a beaucoup de soins et d'activités. Nous recommandons à tous d'y passer une semaine.

L'hôtel du soleil à la Baule n'est pas agréable. La piscine d'eau de mer est trop froide. Le personnel est désagréable avec les clients. La seule activité possible est le vélo et les soins sont mal faits. Nous n'allons plus jamais revenir dans cet hôtel. Même la cuisine du restaurant est mauvaise !

☆☆☆☆☆ ______________________

____

____

____

☆☆☆☆☆ ______________________

____

____

____

Lösungen

1.
Wörter aus dem Text: ɑ̃ : qu**an**d; p**en**sion; différ**en**te; catamar**an**; **en**f**an**ts; 17 **an**s; **en**core; ch**am**bre; gr**an**d; 1700 (mille-sept-c**en**ts); 900 (neuf-c**en**ts); vac**an**ces ɔ̃ : b**on**jour; pensi**on**; l**on**ge-côte; av**on**s; s**on**t; c**om**bien ɛ̃ : **in**clus; beso**in**; ju**in**; so**in**s; b**ain**; bi**en**; **un**; combi**en**
Wörter aus dem Hörtext: ɑ̃ : **en**core; les vac**an**ces; la p**en**sion; une ch**am**bre; une gr**an**de ɔ̃ : nous av**on**s; c**om**bien; le l**on**ge-côte; la pensi**on** ɛ̃ : combi**en**; **in**clus; les so**in**s; j'ai beso**in**
2. Nom : Dubois; Prénom : Marie; Date : du 9 au 16 juin; Nombre de personnes : 4; Formule : un; Utilisation de l'espace de remise en forme : illimitée; Nombre de soins : 24; Prix adulte : 1700€; Prix enfant : 900€; Prix total : 5200 €
3. rêve; complète; demi-pension; la mer; remise en forme; des massages; des crèmes d'algues; des bains/douches d'eau de mer; du longe-côte/du paddle/du catamaran; de la marche nordique; une promenade à cheval/une visite de l'île à vélo.
4. 1F; 2E; 3A; 4B; 5C; 6D
6. 2.-4; 6. : Oui, j'en veux. / Non, je n'en veux pas.; 5 : Oui, j'en veux un. / Non, je n'en veux pas.
7. 1E; 2D; 3A; 4F; 5C; 6G; 7B
8. 3A; 1B; 4C; 2D

Transkriptionen

TR. 64
- *Wellness-Hotel de l'île, guten Tag.*
- *Guten Tag. Ich möchte eine Woche Thalassotherapie buchen. Ich bin müde und mein Mann hat Kopf- und Rückenschmerzen. Wir brauchen dringend Erholung!*
- *Ja, natürlich. Wann kommen Sie?*
- *Vom 9. bis 16. Juni.*
- *Sehr gut. Möchten Sie Halbpension oder Vollpension?*
- *Vollpension. Haben Sie verschiedene Pauschalen?*
- *Ja, wir haben drei. Bei der ersten haben Sie unbegrenzten Zugang zum Wellnessbereich, 24 Behandlungen (Massagen, Algencreme, Bäder, Meerwasserduschen usw.) inbegriffen. Und Sie können alle Aktivitäten des Hotels machen: Nordic Walking, Wasserwandern, Stand-up-Paddeln, Katamaran, Reiten, Inselrundfahrt mit dem Fahrrad, ...*
- *Sehr gut! Diese Formel ist perfekt! Gibt es einen Club für unsere beiden Kinder?*
- *Ja, wir haben einen für Kinder von 3 bis 17 Jahren. Sie können sich entspannen! Sie können sich auch dafür entscheiden, unsere Aktivitäten mit ihrer Familie zu machen. Der Kinderbereich hat auch einen großen Pool mit Wasserspielen.*
- *Das ist großartig! Haben Sie noch ein Zimmer mit Meerblick?*
- *Ja, wir haben noch eins.*
- *Perfekt. Und wie viel kostet das?*
- *1700 € pro Erwachsenem und 900 pro Kind.*
- *Oh! Das ist ein bisschen teuer!*
- *Aber das ist ein Traumurlaub!*
- *Zu diesem Preis auf jeden Fall!*

TR. 66

A Je m'appelle Marie. Je vais faire une thalasso en Bretagne la semaine prochaine. Je travaille trop. Je suis beaucoup trop stressée et fatiguée. Je veux faire des bains d'eau de mer, beaucoup de massages, dormir et encore dormir. Je suis sûre que ça va me remettre en forme rapidement.	*A Ich heiße Marie. Ich werde nächste Woche eine Thalassotherapie in der Bretagne machen. Ich arbeite viel zu viel. Ich bin viel zu gestresst und müde. Ich möchte im Meerwasser baden, mich oft massieren lassen, schlafen und nochmals schlafen. Ich bin sicher, dass ich dadurch schnell wieder fit werde.*
B Moi, c'est René. J'ai vraiment trop mal au dos et aux articulations. J'ai besoin d'une thalasso pour me remettre en forme. Les algues et l'iode me font du bien. Et l'hôtel est fantastique. On y mange très bien.	*B Ich bin René. Mein Rücken und meine Gelenke tun mir wirklich zu sehr weh. Ich brauche eine Thalassotherapie, um wieder in Form zu kommen. Die Algen und das Jod tun mir gut. Und das Hotel ist fantastisch. Man isst dort sehr gut.*

C Moi, c'est Élodie. J'aime nager dans la piscine d'eau de mer et me reposer après sur une chaise longue sur la terrasse de l'hôtel face à la mer. En général, l'après-midi, je fais une promenade à cheval sur la plage. Après à l'hôtel, je retourne à la piscine et je vais manger. Le restaurant est excellent.

C Ich bin Élodie. Ich schwimme gerne im Meerwasserpool und ruhe mich danach auf einem Liegestuhl auf der Hotelterrasse mit Blick auf das Meer aus. Am Nachmittag mache ich meistens einen Ausritt am Strand. Zurück im Hotel gehe ich wieder zum Pool und gehe dann essen. Das Restaurant ist ausgezeichnet.

D Mon nom est Jean-Luc Pasquier. J'adore la thalasso. C'est idéal pour la remise en forme. Le matin, je prends une douche d'eau de mer et après je pars faire une promenade à vélo. Quand j'ai bien chaud, je fais du longe-côte. Quand je rentre à l'hôtel, je prends un bon bain d'eau de mer et je me fais faire un massage.

D Mein Name ist Jean-Luc Pasquier. Ich liebe die Thalassotherapie. Sie ist ideal, um wieder fit zu werden. Morgens dusche ich mit Meerwasser und danach mache ich eine Fahrradtour. Wenn mir richtig warm ist, gehe ich wasserwandern. Wenn ich ins Hotel zurückkomme, nehme ich ein schönes Bad im Meerwasser und lasse mich massieren.

Lektionswortschatz

le paddle *Stand-up-Paddeln*
le longe-côte *Wasserwandern*
le cheval *Pferd*
le catamaran *Katamaran*
le jeu *Spiel*
le bain *Bad*
la piscine *Schwimmbad, Pool*
l'île (f) *Insel*
la vue *Aussicht*
l'espace (m) *Raum*
le rêve *Traum*
l'algue (f) *Alge*
avoir mal *Schmerzen haben*
l'oreille (f) *Ohr*
le repos *Erholung*
l'accès (m) *Zugang*
la demi-pension *Halbpension*
la pension complète *Vollpension*
la marche nordique *Nordic Walking*
illimité(e) *unbegrenzt*
réserver *buchen*
la thalasso *Thalassotherapie*
différent(e) *unterschiedlich*
la formule *Pauschale*
la remise en forme *Fitness*
le soin *Behandlung*
la crème *Salbe*
la douche *Dusche*
l'eau de mer (f) *Meerwasser*
inclus(e) *inklusive, inbegriffen*
la visite *Besichtigung*
le club *Club*
choisir *wählen*
l'adulte (m/f) *Erwachsene*
cher(-ère) *teuer*
le prix *Preis*
le nom *Nachname*
le prénom *Vorname*
la date *Datum*
le nombre *Anzahl*
l'utilisation (f) *Benutzung*
limité(e) *begrenzt*
le total *Summe*
rester *bleiben*
l'établissement (m) *Einrichtung*
intérieur(e) *innen*
extérieur(e) *außen*
par le train *mit dem Zug*
la destination *Reiseziel*
la dent *Zahn*
l'aspirine *Aspirin*
le personnel *Personal*
confortable *bequem*
recommander *empfehlen*
tous *alle*
désagréable *unangenehm*
possible *möglich*
mal fait(e) *schlecht gemacht*
remettre en forme *wieder fit werden*
les articulations (f) *Gelenke*
l'iode (m) *Jod*
nager *schwimmen*
la chaise longue *Liegestuhl*
en général *in aller Regel*
l'après-midi *Nachmittag*

Les senteurs du soleil

DER DUFT VON SONNE

sehen

Du bist gerade von einer Woche Urlaub in der Provence zurückgekehrt. Du hast viele Bilder, Farben, Düfte und Geschmackserlebnisse im Kopf. Du spürst noch immer die Wärme der Sonne auf deiner Haut. In dieser Lektion werden wir dir helfen, deine Erinnerungen an die schöne Zeit wachzuhalten. Schließ die Augen, los geht's! Was für eine schöne Erinnerung! **Quel bon souvenir !**

hören

Tr. 67

une centaine
Hunderte von

le village
Dorf

l'olivier (m)
Olivenbaum

le souvenir
Erinnerung, Souvenir

la rose
Rose

le jasmin
Jasmin

la violette
Veilchen

l'odeur (f)
Geruch

l'usine (f)
Fabrik

l'eau (f) de parfum
Eau de Parfum

vieux (vieille)
alt

beau (belle)
schön

s'amuser
sich vergnügen

visiter
besichtigen

préparer
vorbereiten

s'entraîner
trainieren

sentir
riechen

goûter
kosten, schmecken

rencontrer
treffen

essayer
versuchen

hören
Tr. 68

- Alors, la Provence ? Tu t'es bien amusée ?
- ◎ Oui, super ! Il a fait beau toute la semaine. La Provence est très belle avec ses vieux villages, ses champs de lavande et d'oliviers.
- Tu as visité Grasse, la ville du parfum ?
- ◎ Oui, j'y suis allée le dernier jour. La vieille ville est très belle et ça sent bon dans les petites rues.
- Tu as visité une usine de parfum ?
- ◎ Oui, c'est très intéressant. Et on a même rencontré un nez.
- Un nez ?!
- Oui, c'est une personne qui prépare les parfums. Elle connaît plus d'une centaine d'odeurs différentes !
- C'est pas possible !
- ◎ Mais si ! Il faut s'entraîner. Essaie, tu vas voir !
- Tu as ramené des souvenirs ?
- ◎ Oui, pour toute la famille. Des eaux de parfums à la rose, au jasmin, à la lavande, à la violette.
- Et pour moi ? Qu'est-ce que tu as ramené ?
- ◎ De l'huile d'olive !
- Quoi ! Mais ça sent pas bon !
- ◎ Non, mais toi, tu préfères goûter que sentir !

1 Höre dir den Dialog noch einmal an und vervollständige die Postkarte.

hören
Tr. 68

Chers amis,
Je suis arrivée lundi en ____________ . C'est magnifique. Il fait ____________ tous les jours. Il y a beaucoup de vieux ____________ , des champs de ____________ et d' ____________ . Jeudi, je vais à ____________ pour voir les ____________ de parfum. Je sais que la ____________ ville est très belle. Je vais acheter des ____________ pour toute la famille comme souvenir. Mais pour Ludo, je vais acheter ____________ parce qu'il adore manger ! Je rentre dimanche.
Je vous embrasse Agnès

2 hören Tr. 68

Höre dir den Dialog noch einmal an. Finde die Infinitivform jedes Verbs und verbinde sie mit ihrer Übersetzung.

1. Tu t'es bien amusée.	**A** ramener	**A** *besichtigen*
2. Il a fait beau.	**B** visiter	**B** *machen*
3. J'y suis allée.	**C** s'amuser	**C** *mitbringen*
4. Tu as visité.	**D** rencontrer	**D** *gehen*
5. On a rencontré.	**E** aller	**E** *treffen*
6. Tu as ramené.	**F** faire	**F** *sich vergnügen*

DIE VERNEINUNG IN DER MÜNDLICHEN SPRACHE

Franzosen verzichten, wenn sie sprechen, auf das „**ne**" der Verneinung.

Sie sagen nicht **Ça ne sent pas bon !**, sondern **Ça sent pas bon !**

3 riechen

Suche die folgenden Dinge in deiner Umgebung und ordne sie dann in der Tabelle danach, ob sie gut oder schlecht riechen. Du kannst es auch aus dem Gedächtnis machen, wenn du nicht alles zur Hand hast: **le camembert, la rose, les pieds, la violette, le café, l'alcool pur, la sardine, la cigarette, le parfum.**

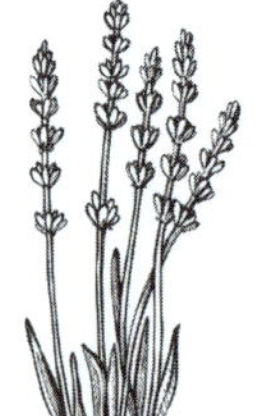

Ça sent bon !	Ça sent pas bon !

4 schmecken

Und was schmeckt dir? Wenn du die Lebensmittel zuhause hast, dann probiere sie am besten. Wenn nicht, dann versuche, dich an ihren Geschmack zu erinnern. Ordne sie danach ein, ob du den Geschmack gut findest oder nicht: **les olives, le camembert, l'orange, la banane, les algues, l'ail, les champignons, l'oignon.**

C'est bon !	C'est pas bon !

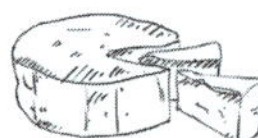

Die Vergangenheit: le passé composé

Um im Französischen die Vergangenheit auszudrücken, kann man das **passé composé** verwenden. Wie der Name schon sagt, besteht es aus zwei Teilen: dem konjugierten Hilfsverb von **être** oder **avoir** und dem Partizip des gewählten Verbs.

Bei Verben auf -**er** nimmst du für das Partizip den Infinitiv, lässt die **er**-Endung weg und ersetzt sie durch ein **é**.	Bei Verben auf -**ir** nimmst du den Infinitiv, streichst die **ir**-Endung und ersetzt sie durch ein **i**.	Bei Verben auf -**re** nimmst du den Infinitiv, lässt die **re**-Endung weg und ersetzt sie durch ein **u**.
visiter ➡ visité **aller ➡ allé**	**partir ➡ parti** **finir ➡ fini**	**descendre ➡ descendu** **entendre ➡ entendu**
Das funktioniert immer.	Leider funktioniert das nicht immer: **venir ➡ venu**	Leider funktioniert das auch nicht immer: **comprendre ➡ compris**

Bleibt die Frage, ob man das Hilfsverb **être** oder **avoir** nehmen muss.

Mit AVOIR

Die große Mehrheit der Verben bilden ihr passé composé mit **avoir**.

➡ **j'ai visité** ➡ **tu as fini**

Aufgepasst! Einige Verben, die im Deutschen das Perfekt mit dem Hilfsverb **sein** bilden, brauchen im Französischen das Hilfsverb **avoir**:

- **j'ai été** *(ich bin gewesen)*
- **tu as voyagé** *(ich bin gereist)*
- **il a nagé** *(er ist geschwommen)*
- **elle a couru** *(sie ist gelaufen)*
- **nous avons déménagé** *(wir sind umgezogen)*
- **vous avez fui** *(ihr seid geflohen)*
- **ils/elles ont sauté** *(sie sind gesprungen)*

Mit ÊTRE

Einige Verben bilden ihr **passé composé** mit **être**. Und zwar:

- eine Gruppe von Verben der Bewegungsrichtung (**aller, venir, revenir, partir, sortir, entrer, rester, tomber, arriver, retourner, monter, descendre**)
  ➡ **je suis parti(e)**
- die drei Zustandsverben **(naître, mourir, devenir)**
  ➡ **tu es né(e)**
- alle reflexive Verben (**s'amuser**, **se relaxer**, etc.)
  ➡ **il s'est amusé / elle s'est relaxée**

Bei être wird das Partizip in Geschlecht und Zahl an das Subjekt des Verbs angeglichen:
männlich Singular: **il est venu**
weiblich Singular: **elle est venue**
männlich Plural: **ils sont venus**
weiblich Plural: **elles sont venues**

REZEPT

Tian de légumes

PROVENZALISCHES OFENGEMÜSE

Schmecken

Der **Tian** ist ein bekanntes provenzalisches Gericht. Der Name **tian** bezeichnet sowohl die Ofenform mit hohem Rand aus Ton, in der das Gericht zubereitet wird, als auch das Gericht selbst. Es ist gesund und schmeckt nach Sonne. Das Ofengemüse ist einfach zuzubereiten, vegetarisch und schmeckt köstlich. **Bon appétit !**

Zutaten:

4 tomates – **2** aubergines – **2** courgettes – **1** oignon – **2** crottins de chèvre – **2** gousses d'ail – **3** poivrons – **8** olives noires – **2** brins de thym – **2** brins de sarriette – un peu d'huile d'olive – **1** pincée de sel – **1** pincée de poivre

1. Couper les tomates, les aubergines et les courgettes en tranches, les saler et les mettre de côté. Hacher les oignons. Frotter un plat à four avec de l'ail, puis hacher l'ail. Couper le fromage de chèvre en tranches.
2. Faire revenir les oignons et l'ail dans l'huile d'olive pendant dix minutes.
3. Disposez le tout dans le plat à four. Alternez les tranches de légumes coupés en morceaux et le fromage de chèvre. Ajouter les olives. Parsemer de thym et de sarriette. Arroser le tout d'un filet d'huile d'olive.
4. Préchauffer le four à 200 °C et faire cuire le tian pendant environ 30 minutes.

la courgette *Zucchini*
la gousse d'ail *Knoblauchzehe*
le crottin de chèvre *Ziegenkäse*
en tranches *in Scheiben*
frotter *reiben*
le plat à four *Auflaufform*
hacher *hacken*
revenir *anbraten*
alterner *abwechseln*
parsemer *bestreuen*
le thym *Thymian*
la sarriette *Bohnenkraut*
arroser *begießen*
le filet *Schuss*

5 Verbinde die Verben mit dem richtigen Partizip.

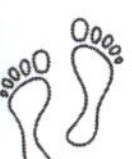

1. aller	•	**A** parti
2. arriver	•	**B** visité
3. dormir	•	**C** arrivé
4. manger	•	**D** dormi
5. rester	•	**E** allé
6. faire	•	**F** resté
7. partir	•	**G** mangé
8. visiter	•	**H** fait

6

Beschreibe mithilfe der Verben aus der Übung 5, was du in deinem letzten Urlaub gemacht hast. Falls du eine Frau bist, musst du bei den Verben **aller, arriver, rester, partir** beim Schreiben für die weibliche Form ein **e** an das Partizip anhängen. Als Mann: **Je suis allé à Paris.** Als Frau: **Je suis allée à Paris.** Klebe ein Urlaubsfoto in den Rahmen oder male eine Urlaubserinnerung aus dem Gedächtnis.

➡ Pour mes dernières vacances, je...

LAUT AUSSPRECHEN

Il est resté à Paris. Elle est restée à Paris. Lies diese beide Sätze laut vor. Beim Vorlesen hört man keinen Unterschied zwischen der weiblichen und männlichen Form. Das **e** der weiblichen Form am Ende ist stumm.

Laut lesen ist auch ein guter Lerntipp. Benutze beim Lernen immer so viele Sinne wie möglich! Je mehr Sinne, desto höher dein Lernerfolg!

7 Höre zu und vervollständige diese Postkarte mit der richtigen Form von **être** oder **avoir**, je nachdem, welche Form nötig ist.

hören
Tr. 69

Salut,
J'espère que tu vas bien. Je ______ arrivée lundi à Nice. Mardi, j' ______ rencontré mon amie Jeanne. Mercredi, je ______ allée au Cannet, j' ______ visité le musée Bonnard. Jeudi, je ______ restée à Nice et je me ______ promenée sur la promenade des Anglais. Vendredi, j' ______ visité le musée Matisse et j' ______ fait du shopping. Aujourd'hui samedi, je ______ restée sur la plage. Je rentre demain dimanche.
Bises
Agnès

WOCHENTAGE

Jetzt beherrschst du auch die Wochentage. Beginnend mit Montag: **lundi, mardi, mercredi, jeudi, vendredi, samedi et dimanche. Bonne semaine !**

8 Damit du selbst eine Postkarte schreiben kannst, höre folgende Redewendungen an und entscheide, wozu sie dienen.

hören
Tr. 70

1. Cher/Chère/Chers/Chères •	**A** um sich nach dem Befinden zu erkundigen
2. Salut/Bonjour •	**B** um zu sagen, wann man zurückkommt
3. J'espère que tu vas bien. •	**C** um jemanden am Briefanfang zu begrüßen
4. Il a fait beau/Il fait mauvais. •	**D** um jemanden am Anfang eines Briefes anzusprechen
5. J'ai visité le musée Matisse. •	**E** um über das Wetter zu sprechen
6. Je rentre demain/dimanche. •	**F** um sich zu verabschieden
7. Je vous embrasse/Bises. •	**G** um zu erzählen, was man gesehen hat

9 Jetzt kannst du deine eigene Postkarte schreiben. Suche dir ein Bild aus und lass dich inspirieren. An wen willst du schreiben? Wo bist du gewesen? War das Wetter schön? Was hast du besichtigt? Hat es dir dort gefallen?

______________________________ ______________________________

______________________________ ______________________________

______________________________ ______________________________

10

fühlen

Mon herbier de fleurs et de senteurs. *Mein Blumen- und Duftherbarium.* Mache bei der nächsten Gelegenheit einen ausgedehnten Spaziergang und pflücke Blumen mit schönen Farben, die gut riechen. Lege sie in ein doppelt gefaltetes Papier und presse sie einen Tag lang zwischen den Seiten eines Buches. Klebe die Blumen dann auf deine Herbariumsseite und suche ihren französischen Namen. Beschrifte sie mit dem Namen und beschreibe ihr Aussehen (z.B. die Farben). Notiere, wo und wann du sie gefunden hast.

Lösungen

1. [...] Je suis arrivée lundi en **Provence**. Il fait **beau** tous les jours. Il y a beaucoup de vieux **villages**, des champs de **lavande** et d'**oliviers**. Jeudi, je vais à **Grasse** pour voir les **usines** de parfum. Je sais que la **vieille** ville est très belle. Je vais acheter des **eaux de parfums** pour toute la famille comme souvenir. Mais pour Ludo, je vais acheter de l'**huile d'olive** parce qu'il adore manger ! [...]
2. 1CF; 2FB; 3ED; 4BA; 5DE; 6AC
3. Individuelle Antworten, z.B.:
Ça sent bon : la rose, la violette, le parfum
Ça sent pas bon : les pieds, la sardine, la cigarette
4. Individuelle Antworten, z.B.:
C'est bon : les olives, l'orange
C'est pas bon : les algues, les champignons
5. 1E; 2C; 3D; 4G; 5F; 6H; 7A; 8B
7. [...] Je **suis** arrivée lundi à Nice. Mardi, j'**ai** rencontré mon amie Jeanne. Mercredi, je **suis** allée au Cannet, j'**ai** visité le musée Bonnard. Jeudi, je **suis** restée à Nice et je me **suis** promenée sur la promenade des Anglais. Vendredi, j'**ai** visité le musée Matisse et j'**ai** fait du shopping. Aujourd'hui samedi, je **suis** restée sur la plage. [...]
8. 1D; 2C; 3A; 4E; 5G; 6B; 7F

Transkriptionen

TR. 68

- *Na, wie war's in der Provence? Hast du dich gut amüsiert?*
- *Ja, super! Das Wetter war die ganze Woche schön. Die Provence ist sehr schön mit ihren alten Dörfern, ihren Lavendelfeldern und Olivenbäumen.*
- *Hast du Grasse, die Stadt des Parfüms, besucht?*
- *Ja, ich war am letzten Tag dort. Die Altstadt ist sehr schön und es riecht in den kleinen Straßen gut.*
- *Hast du eine Parfümfabrik besichtigt?*
- *Ja, das ist sehr interessant. Und wir haben sogar eine Nase getroffen.*
- *Eine Nase?!*
- *Ja, das ist eine Person, die die Parfüms herstellt. Sie kennt über hundert verschiedene Gerüche!*
- *Das kann doch nicht sein!*
- *Doch, doch, das muss man üben. Versuch es, dann wirst du es sehen!*
- *Hast du Souvenirs mitgebracht?*
- *Ja, für die ganze Familie. Eau de Parfum mit Rose, Jasmin, Lavendel und Veilchen.*
- *Und für mich? Was hast du mir mitgebracht?*
- *Olivenöl!*
- *Was! Aber das riecht nicht gut!*
- *Nein, aber du kostest lieber, als dass du riechst!*

TR. 69

Hallo,
ich hoffe, dass es dir gut geht. Ich bin am Montag in Nizza angekommen. Am Dienstag habe ich mich mit meiner Freundin Jeanne getroffen. Am Mittwoch bin ich nach Le Cannet gefahren und habe das Bonnard-Museum besucht. Am Donnerstag bin ich in Nizza geblieben und auf der Promenade des Anglais spazieren gegangen. Am Freitag habe ich das Matisse-Museum besucht und bin shoppen gegangen. Heute am Samstag bin ich am Strand geblieben. Morgen am Sonntag fahre ich zurück.
Küsse
Agnes

TR. 70

1. Liebe/Lieber
2. Hallo/Guten Tag
3. Ich hoffe, dass es dir gut geht.
4. Das Wetter war gut/ist schlecht.
5. Ich habe das Matisse-Museum besucht.
6. Ich komme morgen/am Sonntag nach Hause.
7. Ich umarme euch/Küsse.

Lektionswortschatz

une centaine	*Hunderte von*
le village	*Dorf*
l'olivier (m)	*Olivenbaum*
le souvenir	*Erinnerung, Souvenir*
la rose	*Rose*
le jasmin	*Jasmin*
la violette	*Veilchen*
l'odeur (f)	*Geruch*
l'usine (f)	*Fabrik*
l'eau de parfum (f)	*Eau de Parfum*
vieux (vieille)	*alt*
beau (belle)	*schön*
s'amuser	*sich vergnügen*
visiter	*besichtigen*
préparer	*vorbereiten, herstellen*
s'entraîner	*trainieren*
sentir	*riechen*
goûter	*kosten, schmecken*
rencontrer	*treffen*
essayer	*versuchen*
la Provence	*Provence*
dernier(-ière)	*letzte(r,s)*
le jour	*Tag*
le champs	*Feld*
la lavande	*Lavendel*
le nez	*Nase, Parfumeur*
ramener	*mitbringen*
l'huile d'olive	*Olivenöl*
Cher(-ère)	*Liebe(r)*
embrasser	*küssen, umarmen*
le café	*Kaffee*
l'alcool (m)	*Alkohol*
pur(e)	*rein, pur*
la cigarette	*Zigarette*
l'ail (m)	*Knoblauch*
descendre	*hinuntergehen*
entendre	*hören*
comprendre	*verstehen*
revenir	*zurückkommen*
entrer	*eintreten, hereinkommen*
tomber	*fallen*
naître	*geboren werden*
mourir	*sterben*
devenir	*werden*
voyager	*reisen*
nager	*schwimmen*
courir	*laufen*
déménager	*umziehen*
fuir	*fliehen*
sauter	*springen*
espérer	*hoffen*
lundi	*Montag*
mardi	*Dienstag*
mercredi	*Mittwoch*
jeudi	*Donnerstag*
vendredi	*Freitag*
samedi	*Samstag*
dimanche	*Sonntag*
se promener	*spazieren gehen*
faire du shopping	*einen Einkaufsbummel machen*
la bise	*Küsschen*
mauvais(e)	*schlecht*
la forêt	*Wald*

Bildnachweis

Adobe Stock, Dublin: 4.3 ff. (vectorplus); **7.1** ff. (dalailahm); **7.2** ff. (.shock); **8.21** (Lagui); **10.6, 48.10** (Prostock-studio); **18.21** (mdworschak); **18.23** (william87); **28.4** ff. (pkazmierczak); **28.5** (winnievinzence); **28.10** (by-studio); **28.18** (BillionPhotos.com); **32.3** (ALF photo); **33.3** (LIGHTFIELD STUDIOS); **38.4** (Sushiman); **38.11** (pauline); **38.18** (이은영 이은영); **39.1** (rh2010); **41.2** (Oksana); **41.3** (HandmadePictures); **41.4** ff. (poplasen); **41.11** (FV Photography); **41.18** (Patryssia); **42.3** (larik_malasha); **48.8** (Mediteraneo); **48.11** (sewcream); **48.12** (Strelciuc); **48.14** (Irina Schmidt); **48.17** (Johnstocker); **52.4** (Pkheawtasang); **55.3** (kateja); **58.6** (Albachiaraa); **58.7** (Gorodenkoff); **58.8** (Ina Ludwig); **58.10** (Sebix); **58.11** (OceanProd); **58.12** (4th Life Photography); **58.14** (michel farrugia); **58.15** ff. (Beboy); **58.16** (Dragana Gordic); **58.17, 148.7** (Song_about_summer); **58.19** (ViDi Studio); **58.20** (Jenny Sturm); **58.21** ff. (PheelingsMedia); **58.22** ff., **108.19** (Rido); **60.6** (JPC-PROD); **60.8** (Jon Ingall); **62.2** (anoli); **68.7** (alphaspirit); **68.8** (Humberto); **68.13** (LeslieAnn); **68.19** (Tatjana Balzer); **68.22** (creativenature.nl); **69.6** (eyetronic); **70.9** ff. (Katsiaryna); **72.3** (svdolgov); **85.4** ff. (Brad Pict); **88.9** (siculodoc); **88.10** (Николай Галушкин); **92.3** (M.studio); **95.3** ff. (Melek); **98.5** (Anastasia); **98.7** (L.Bouvier); **98.11, 108.7** (Studio Romantic); **98.15** (djoronimo); **98.22** (Alessandro Laporta); **99.1** (britta weyers-iwersen/EyeEm); **100.7** ff. (Good Studio); **102.4** (petrrgoskov); **104.6** (Alexander Gospodinov); **104.7** (Alessandro Grandini); **105.2** (datoQeer); **108.8** (Alexander Image); **108.9** (nakophotography); **108.10** (Africa Studio); **108.12** (MWolf Images); **108.15** (asauriet); **108.21** (Galina Zhigalova); **108.22** (Valentina); **108.23** (puhhha); **109.2** (Quality Stock Arts); **112.3** (Elena); **113.9** (Tarzhanova); **114.8** (iprachenko); **114.10** (Magdalena); **114.11** (abramsdesign); **115.4** (K.-U. Häßler); **115.5** (burnel11); **115.6** (pinkyone); **115.7** (Pixel-Shot); **115.8** (Phawat); **115.9** (Mykola Mazuryk); **115.10** ff. (amovitania); **115.14** (Li Ding); **115.18** (daicokuebisu); **115.19** (Sergey Peterman); **118.4** (detailblick-foto); **118.5** (satura_); **118.8** (chika_milan); **118.11** (pressmaster); **118.14** (bnenin); **118.17** (fizkes); **118.18** (Juan Algar); **118.23** (olezzo); **122.3** (ld1976); **128.7** (navintar); **128.13** (Andrey Popov); **128.15** (XtravaganT); **129.1** (2mmedia); **132.3** (Y. A. Photo); **133.1** (ArchiVIZ); **133.2** (archideaphoto); **138.3** (NicoElNino); **138.14** (mivod); **138.22** (Cara-Foto); **139.2** (Kzenon); **140.5** ff. (wjarek); **142.3** (M.studio); **143.3** (DisobeyArt); **145.5** ff. (martialred); **148.4** (ronstik); **148.10** (mijun); **148.12** (arbalest); **148.13** (monticellllo); **148.22** (Rawpixel.com); **148.23** (KOTO); **149.1** (Stockbym); **149.2** (Lena Wurm); **155.4** (svrid79);

Fotolia, New York: 8.7 (Luis Carlos Jiménez); **8.8** (Giuseppe Porzani); **8.11** ff., **8.12, 78.14** (valeriy555); **18.12** (antbphotos); **18.20** (Doc RaBe); **28.9** (lassedesignen); **28.14** (Masyanya); **28.16** (olly); **28.19** (Warren Goldswain); **33.1** (Martinan); **33.6** (micromonkey); **38.7** (wideonet); **38.9** (Andres Rodriguez); **38.16** ff. (mitchphot); **41.12** (Fredric Prochasson); **41.15** (Markus Mainka); **43.2** (picsfive); **65.5** (vulcanus); **68.6** ff. (Jan Haas); **68.15** (Laiotz); **78.3** (Smileus); **78.11** (Irina Khomenko); **79.6** (oneinchpunch); **88.13** (Cobalt); **113.6** (kantver); **125.5** (Ivan Smuk); **128.25** (Pavlo Vakhrushev); **138.8** (torwaiphoto); **145.11** (Margarita);

Getty Images, München: U1 (Silvia Kienesberger); **4.1** ff., **130.1** ff. (Galina Kamenskaya); **5.5** ff. (neirfy); **6.1** ff. (Qwart); **6.2** ff. (Maremagnum); **8.1** ff. (Yuliya_Lesovaya); **8.10, 8.25** (amriphoto); **8.14, 115.17** (Burazin); **8.19** (thodonal); **8.20** (Floortje); **8.22, 82.4** (margouillatphotos); **8.23** (Richard Villalon); **8.24** (bonchan); **9.1** (Atlantide Phototravel); **10.1** ff. (LeshkaSmok); **11.1** ff., **54.10** ff. (ulimi); **12.2** (kajakiki); **15.1** ff. (paladin13); **15.5** ff. (Anna Pavlovetc); **18.1** ff. (saenal78); **18.4, 33.7, 54.3, 78.9, 79.5, 115.2** (Image Source); **18.5** (EMS-FORSTER-PRODUCTIONS); **18.6, 138.17** (10';000 Hours); **18.8** (Juzant); **18.9** (Christian Adams); **18.11** (Henrik Sorensen); **18.13** (aristotoo); **18.14** (Grant Faint); **18.15** (filo); **18.16** (Kutay Tanir); **18.17** (Pollyana Ventura); **18.19** ff. (Manfred Gottschalk); **19.3** ff. (Marina Nuxoll); **20.4** ff. (hugolacasse); **22.3** ff. (topform84); **23.3** (DMEPhotography); **24.3** ff. (subjug); **28.1** ff. (BonneChance); **28.13** (fotoluk1983); **30.1** ff. (franz45); **38.1** ff. (verodika); **38.15** (Shaiith); **40.1** ff. (Mercedes Rancaño Otero); **48.1** ff. (Fleren); **48.5** (Eva-Katalin); **48.6** (Jose Luis Pelaez Inc); **48.7** (skynesher); **48.19** (Klaus Vedfelt); **48.22** (MoMo Productions); **49.1** ff. (pworld); **50.3** (FrankRamspott); **54.4** (martin-dm); **54.5** (Morsa Images); **54.6** (Emely); **54.7** ff. (Steve Prezant); **54.8** (RapidEye); **55.2** ff. (jamtoons); **58.1** ff. (Gabriel Onat); **58.4** (sharply_done); **60.1** ff. (lila-love); **60.5** (Ghislain & Marie David de Lossy); **65.3** ff. (teddyandmia); **68.1** ff. (Ekaterina Skorik); **69.4** (Alexander Spatari); **70.1** ff. (4ek); **73.7** (GeorgeManga); **75.4** ff. (mikroman6); **78.1** ff. (desifoto); **78.7** (izusek); **78.12** (PeterHermesFurian); **78.15** (zhuzhu); **78.16** (ozgurdonmaz); **78.20** (new look casting); **78.21** (clubfoto); **79.1** (Catherine Delahaye); **79.2** ff. (Ollustrator); **79.7** ff. (sbossert); **80.1** ff. (Anastasiia-Ku); **84.4** (AleksandarNakic); **84.5** (LWA/Dann Tardif); **84.6** (WillSelarep); **88.1** ff. (Ekaterina Gomzina); **88.17** (Pascale Gueret); **88.21** (robert reader); **90.1** ff. (Olha Shulhina); **98.1** ff. (Katerina Kuzmenko); **98.3** (Kmatta); **98.6** (Rocky89); **98.9** (Digital Vision.); **98.10** (Kathrin Ziegler); **98.12** (Richard Ross); **98.13** (Prasit photo); **98.17** (Hello World); **98.18** (Carles Navarro Parcerisas); **98.19** (Ben Pipe Photography); **100.1** ff. (mymny); **104.9** ff., **121.2** ff. (kyuree); **108.1** ff. (Bigmouse108); **108.6** (Letizia McCall); **108.11** (AntGor); **108.14** (danielkrol); **110.1** ff. (Jobalou); **113.4, 118.1** ff. (Arelix); **113.7** (Photobalance); **118.1** ff. (suman bhaumik); **120.1** ff. (Esra Sen Kula); **120.4** ff. (Johnrob); **128.1** ff. (Yevheniia Yasenenko); **128.14** (Sergiy1975); **128.18** (Scovad); **128.19** (Hinterhaus Productions); **138.1** ff. (Sasha Wallis); **138.4** (antonio arcos aka fotonstudio photography); **138.6** (fhm); **138.11** (Julien Brachhammer); **140.1** ff. (mikemcd); **144.5** (FlyMint Agency); **144.8** (JJFarquitectos); **148.1** ff. (Svetlana Smetankina); **148.6** (Massimo Santi); **150.1** ff. (Anna Smirnova); **152.4** (Capelle.r);

iStockphoto, Calgary, Alberta: **33.4** (VladCa); **48.4** (monkeybusinessimages); **48.21** (Geber86); **68.20** (Enzojz); **78.6** (kyoshino); **78.8** (dima_sidelnikov); **88.15** (KimiKAT); **88.16** (franckreporter); **90.9** (mbbirdy); **128.22** (NelleG); **145.6** (BrianAJackson); **PONS GmbH, Stuttgart:** **53.2** ff., **53.3** ff. (Daniel Müller); **99.3** ff. (Karin Le Bescont); **Shutterstock, New York:** **8.6** (Hedez); **8.9** (picamaniac); **8.13** (Maks Narodenko); **8.15** (somchaij); **8.16** (baibaz); **8.17**, **128.9** (Africa Studio); **9.2** ff. (Fafarumba); **9.3** ff. (Pinchuk Oleksandra); **10.2** ff. (Victoria Sergeeva); **10.4** ff. (DiViArt); **13.1** ff. (Maria Averburg); **15.2** ff. (godfather744431); **18.7** (Pressmaster); **18.10** (iiiphevgeniy); **18.18** (Iakov Filimonov); **19.1** ff. (Elena Dijour); **19.2** ff., **49.3** ff. (GooseFrol); **20.3** ff. (Neyriss); **28.3** (lapas77); **28.6** (Sanchai Kumar); **28.7**, **68.9** (Monkey Business Images); **28.8** (michaeljung); **28.11** (Rafa Irusta); **28.12** (djgis); **28.17** (Jacob Lund); **28.20** (Andrii Kobryn); **28.22** (Nikolaev Mikhail); **29.1** (illpaxphotomatic); **29.2** (Prostock-studio); **29.3** ff. (Oldesign); **30.5** ff. (Rebellion Works); **33.11** (Nikolaeva); **35.3** (LiliGraphie); **38.3** (nadtochiy); **38.5** (Meandering Trail Media); **38.6** (Aleksandra Tregubovich); **38.8** (Rrrainbow); **38.10** (SvetlanaSF); **38.12** (hutch photography); **38.13** (wideonet); **38.17** (margouillat photo); **40.2** ff., **109.3** ff., **109.8** ff. (AuraArt); **41.10** (NUM LPPHOTO); **41.14** (Gayvoronskaya_Yana); **41.16** (yuda chen); **44.4** ff. (AllNikArt); **45.2** (Julia Kuznetsova); **45.3** ff. (Susann Schroeter); **48.13** (De Visu); **48.15** (Hanoi Photography); **48.16** (William Perugini); **48.18** (Yuliya Evstratenko); **48.20** (pixelheadphoto digitalskillet); **49.2** ff., **118.7** (BearFotos); **58.3** (WDG Photo); **58.5** (maxpro); **58.13** (melis); **58.18** (Kalamurzing); **59.4** ff., **75.2** ff., **91.4** ff. (primiaou); **60.4** (Undrey); **68.4** ff., **88.14**, **90.11** (Mimadeo); **68.10** (Maria Tsantari); **68.12** (Toa55); **U1** (Ohn Mar); **68.14** (Halfpoint); **68.16** (bensliman hassan); **68.21**, **98.14**, **98.16**, **118.15** (fizkes); **68.23** (Lara Zanarini); **69.2** ff. (fischers); **69.3** (andersphoto); **69.5** (Boris Stroujko); **70.6** ff. (Drawlab19); **70.7** ff. (Milano M); **70.24** ff. (lenaalyonushka); **73.4** (Subbotina Anna); **73.5** (leonori); **74.6** ff. (Photosani); **75.3** (Albaricoco); **78.4** (Modella); **78.5** (horiyan); **78.10** (Design mix); **78.17** (Butterfly Hunter); **78.18** (M. Unal Ozmen); **78.19** (Asier Romero); **78.22** (Photology1971); **79.4** (Brent Hofacker); **79.8** (mariocigic); **79.9** (Alvov); **83.4** (Best Queen); **84.7** (gostua); **88.3** (alicja neumiler); **88.4** (Alex Tihonovs); **88.5** (Christian Mueller); **88.6** ff. (Vladifot); **88.8** (Frank Bach); **88.11** (Rabbitmindphoto); **88.18** (Parilov); **88.20** (Tony Craddock); **88.22** (Sedgraphic); **89.1** ff., **89.4**, **89.5** ff., **89.6** ff., **93.9**, **93.10**, **94.11**, **94.12**, **94.15** (Everett Collection); **90.4** ff. (Minur); **90.8** (ohenze); **90.10** (TTstudio); **98.4** (Salvador Aznar); **98.8** (Sofia Zhuravetc); **98.20** (My Ocean Production); **98.21** (Oscity); **99.2** ff. (Margarita Steshnikova); **102.1** ff. (bioraven); **108.4** (Creative Lab); **108.5** (CatwalkPhotos); **108.13** (PH888); **108.16** (electricmango); **108.17** (optimarc); **108.18** (Eugenio Marongiu); **109.5** ff. (Bukhavets Mikhail); **109.17** (Irina Yuzh); **110.3** (Durch FashionStock.com); **110.4** (Sam Aronov); **110.5**, **110.6** (FashionStock.com); **113.5** (Petrut Romeo Paul); **113.8** (Olga Popova); **114.5** (Arkhipenko Olga); **114.6** (fortton); **114.7** (studiovin); **114.9** (Zhur_Sa); **114.12** (TerraceStudio); **115.11** (Anya D); **115.12** (Larysa Kryvoviaz); **115.16** (Victoria Chudinova); **118.6**, **118.10** (Krakenimages.com); **118.9** (Cookie Studio); **118.12** (Stokkete); **118.16** (G-Stock Studio); **118.19** (karins); **118.20** (enciktat); **118.22** (Vorobyeva); **119.1** (New Africa); **119.2** ff. (whitemomo); **128.6** (Scott-lee); **128.10** (J.Croese); **128.11** (Photographee.eu); **128.12** (dipego); **128.17** (Antonio Guillem); **128.20** (Elena Elisseeva); **128.21** (Tr1sha); **128.23** (Filip Warulik); **128.24** (David Hughes); **134.8** (krsmanovic); **138.7** (Andre Bonn); **138.9** (FamVeld); **138.10** (Michail Patakos); **138.12** (Radiokafka); **138.13** (Alexander Demyanenko); **138.15** (9nong); **138.18** (Sata Production); **138.19** (Ekaterina Pokrovsky); **138.20** (Dmitry Kalinovsky); **138.21** (Jacek Chabraszewski); **140.6** (Dariusz Jarzabek); **144.6** (NadyaEugene); **144.7** (Syda Productions); **145.8** (Thomas Barrat); **148.8** (Daina Varpina); **148.9** (Sirinn3249); **148.16** (wavebreakmedia); **148.18** (sirtravelalot); **148.19** (lzf); **Thinkstock, München:** **8.18** (Natikka); **18.22** (dennisvdw); **28.15** ff. (lanych); **28.21** (DNHanlon); **33.5** (shironosov); **33.8** (omgimages); **38.14** (5second); **41.17** (funkybg); **48.9** (altrendo images); **58.9** (m-imagephotography); **68.18** (Nisangha); **78.13** (yvdavyd); **88.12** (frankoppermann); **88.19** (Arsty); **104.8** ff. (b-d-s); **108.20** (kasto80); **118.21** (Jack Hollingsworth); **128.8** (archideaphoto); **128.16** (hikesterson); **138.5** (Calinat); **148.14** (Ivan Bastien); **148.17** (monkeybusinessimages)

Grammatik ohne Drama

ISBN: 978-3-12-562362-0

Du kommst bei manchen Französisch-Grammatikthemen immer wieder ins Stolpern? Hol die Grammatik auf deine Seite – ganz ohne Drama. Wie das geht? Ganz einfach:

- **Aufs Wesentliche konzentrieren:** Such dir die Themen aus, bei denen du Schwierigkeiten hast. Zu jedem Thema wird **das Wichtigste** erklärt – der Fokus liegt auf den Dingen, die du wirklich wissen musst.
- **Unterhaltsam und alltagsnah:** Viele **Zitate und Beispiele** aus dem französischen Alltag machen es dir leicht, mit Spaß bei der Sache zu bleiben und dir die Grammatik besser einzuprägen.
- **Erst Theorie, dann Praxis:** Wenn zu einem Thema alles klar ist, trainiere anschließend mit **lockeren, abwechslungsreichen Übungen**.
- Erste Grundkenntnisse (A1) bis fortgeschrittene Sprachkenntnisse (B2)

So schnell ist das Grammatik-Drama Schnee von gestern!